Richard Mèmeteau

Sex friends

Comment (bien) rater sa vie amoureuse à l'ère numérique

Zones

This modern love breaks me
This modern love wastes me
Do you want to come over and kill some time ?
Throw your arms around me.

BLOC PARTY, *This Modern Love* (2005).

INTRODUCTION

« Tu veux qu'on fasse ça ?
— Qu'on fasse quoi ?
— Qu'on se voie que pour le sexe à toute heure du jour et de la nuit et rien d'autre.
— Oui ça me va.
— Cool, ça va être fun.
— Tu sais bien que ça ne marchera jamais !
— Pourquoi ?
— Parce que c'est clair tu vas tomber amoureuse de moi.
— Ah tu crois ça ? Dans ce cas on le fera jusqu'à ce que l'un de nous ressente quelque chose de plus important et là on dira stop.
— Ce ne sera pas moi.
— Ce ne sera pas moi.
— Je te souhaite bonne chance. »

Ivan REITMAN, *Sex Friends* (2011).

La meilleure image pour parler de sexe, je la dois à un ami. Quelque part, perdu dans les recoins de notre esprit, nous aurions tous dans la tête un hamster qui court frénétiquement dans sa petite roue. Avec ses pattes délicates et son museau dressé, il fait tourner la roue du désir, des fantasmes, des calculs, des plans. Ce hamster est infatigable en dépit de la tâche infinie qui l'anime (en fait, il n'a pas trop le choix, s'il ne pédalait plus, il deviendrait obèse et il mourrait). C'est ce hamster intérieur qui m'intéresse. La répétitivité obstinée de ses gestes absurdes illustre la vraie nature de notre vie sexuelle.

On a beau encenser l'amour, on ne cesse de remuer la truffe pour voir s'il n'y a pas quelque petite brise fraîche à renifler.

Et un jour, à force de tourner en rond, voilà qu'un hamster écrit une théorie. Si elle n'est pas la plus connue, celle de la « camaraderie amoureuse » d'E. Armand est sans conteste la plus aboutie[1]. Ce militant anarchiste concevait dès les années 1920 une coopérative sexuelle fondée sur un principe d'égalité, un « amour plural », où chacun des membres accepterait de se rendre disponible pour tous les autres. Ce fut le premier « site » dédié uniquement aux rencontres sexuelles. Ce fut aussi un échec cuisant. En 1927, sa coopérative sexuelle comptait en tout et pour tout cinquante-trois adhésions dans le monde.

On peut cependant y voir l'ancêtre de tous les Meetic, OKCupid, Tinder ou Grindr actuels, la préfiguration d'une époque où, pour le dire en toute décontraction et anachronisme, le sexe überisé est désormais à portée de clic de n'importe qui. La technologie a fluidifié nos rencontres ; une nouvelle liberté de communiquer redéfinit notre capacité d'association. Mais Armand ne se reconnaîtrait sans doute pas dans cette postérité, tant il y a d'écart entre son idée de camaraderie amoureuse et la drague numérique d'aujourd'hui.

Le coup de génie de notre théoricien était de redéfinir la sexualité à partir de l'amitié. Non pas parce que l'amitié édulcorait la dimension sexuelle de son entreprise, mais parce qu'elle lui apparaissait comme le seul véritable *moyen* d'opérer les rencontres et de tisser un lien social. Notre anarchiste ne spécule pas (ou très peu) sur la nature de la pulsion sexuelle. Son souci, purement logistique, m'émeut presque aux larmes. Dans un monde sans ordinateur ni téléphone portable, où ne s'échangent que de petits bulletins d'adhésion découpés sur des revues à tirage limité, Armand fait preuve d'une détermination qui confine à l'obsession. Son hamster intérieur devait être robuste, aussi fonceur que le premier homme qui est allé

1. E. Armand, *La Révolution sexuelle et la camaraderie amoureuse* (1934), Zones, Paris, 2009.

descendre au fond d'une grotte pour peindre des chevaux à la lumière tremblante d'une torche rudimentaire.

Dans nos sociétés, le nombre de célibataires n'a cessé de croître, une montée en puissance qui se décline en une pluie de statistiques. Or que font ces célibataires ? Ils se courent après. Ils téléchargent des applications de rencontres sur leurs portables et regardent en boucle des comédies romantiques. Le monde marchand s'est organisé pour qu'ils chantent tous ensemble la grande chanson de l'amour encore plus faux et plus fort que d'habitude. Et il leur a fourni de nouveaux outils pour cela.

Selon John Ciaccopo de l'université de Chicago, entre 2005 et 2012, plus d'un tiers des couples américains se sont formés par une rencontre en ligne (35 %). La rencontre entre amis (12,4 %) ou au travail (14,09 %) arrivant loin derrière [2]. La France est encore à la traîne, mais la tendance est à la hausse [3]. Une véritable bataille se livre en ce moment même entre différentes firmes pour savoir qui, de Adopteunmec, Happn ou encore eDarling, sera « à l'origine de 6 millions de couples » plutôt que d'être stigmatisé comme l'horrible exploitant d'un « marché de la viande ».

La conjonction de ces deux bouleversements, démographique et technologique, a révolutionné les modalités de rencontre. Didier Rappaport, quinquagénaire fringuant et patron-philosophe de Happn, vante la fluidité des échanges dans ce nouveau monde amoureux : « La manière de chercher l'amour a changé. Autrefois, on cherchait l'amour et, le cas échéant, on avait des relations sexuelles. Aujourd'hui, on se rencontre, on a ou on n'a pas de relations sexuelles, et on voit ce qui se passe ou pas [4]. »

2. Aziz Ansari, *Modern Romance*, Bragelonne, Paris, 2017, p. 87.
3. Voir Marie Bergström, « Sites de rencontres : qui les utilise en France ? Qui y trouve son conjoint ? », *Population & Sociétés*, n° 530, février 2016.
4. Interview de Didier Rappaport, patron de Happn, dans *La Nouvelle Édition*, Canal +, 5 octobre 2015.

Signe des temps, c'est en plein boom des applis de drague, en 2013, qu'une nouvelle locution fit son entrée dans le *Petit Robert* : « plan cul ».

Notre vocabulaire affûté par les comédies romantiques ou les articles *life style* des magazines s'est également enrichi d'une autre catégorie, si proche et pourtant si lointaine du camarade amoureux : le *sex friend*. En anglais, on parle plus volontiers de *friends with benefits* ou de *fuck buddy*, et, en plus ou moins bon français, de « pote de baise » ou de « plan régulier » parfois abrégé en « régulier » tout court. Cinquante nuances de pudeur pour décrire une même réalité.

Mais le *sex friend* ajoute une autre dimension au plan cul : le fait de se connaître, de s'apprécier et de se fréquenter devient la condition de la relation. L'épisode 14 de la saison 2 de *Sex and the City*, pudiquement intitulé « F*** Buddy » (1999), a largement contribué à populariser le problème. Et la morale de l'histoire me paraît assez juste : il est fort déconseillé de continuer à baiser avec quelqu'un que l'on déteste.

Vous l'aurez compris, bien qu'étant philosophe, j'emprunterai ici mes matériaux à d'autres sources qu'aux grands textes de la tradition universitaire. Je préfère partir des discours les plus communs pour essayer d'en tirer matière à réflexion. L'artificialité et le grotesque d'un plateau télé peuvent par exemple permettre de saisir au ras de la conscience ordinaire le contour d'importantes vérités.

En février 2016, la sexologue blonde et catholique Thérèse Hargot avait été invitée dans l'émission de Thierry Ardisson aux côtés de Lambert Wilson et Kev Adams. Le premier est un comédien que l'on ne présente plus, partageant sa carrière entre tours de chant à l'opéra et rôles de gendre idéal de plus de cinquante ans. Le second est un jeune humoriste, la vingtaine encore fraîche, proche de sa *fanbase*, vivant le rêve à l'américaine du spectateur devenu acteur, parfaitement rodé à la mécanique des talk-shows.

L'animateur télé y va de son diagnostic : « C'est la démocratisation des plans cul, ce qu'on appelle des *sex friends*, c'est-à-dire que c'est des rapports sexuels sans sentiments, sans intellectualisation. J'ai l'impression, moi, que c'est la sexualité des homosexuels qui a imprégné la sexualité des hétérosexuels. On a tous des potes homosexuels : pour eux, un coup pour un soir, ce n'est pas grave. Et maintenant c'est un peu pareil partout. C'est-à-dire que, chez les hétéros, y'a : "On baise sans sentiments, juste pour le plaisir de baiser[5]." »

La responsabilité de la sexualité débridée vient d'être habilement déportée sur les homosexuels par notre animateur télé échangiste. Thérèse Hargot transforme l'essai : « Ce qui me gêne, c'est qu'à un moment on est dans l'instrumentalisation du corps de l'autre. Ce qui me gêne, c'est qu'on regarde l'autre comme un objet, et un objet sexuel. On n'est pas un objet, on est une personne humaine. Et là du coup y'a une atteinte à sa dignité. » En tant qu'ex-étudiante en philosophie, elle sait faire claquer le concept kantien de dignité pile au bon moment, comme un fouet[6]. Puis Thierry Ardisson se tourne vers l'homme mûr au visage sans rides et à la sexualité mystérieuse : « Lambert, est-ce que vous avez des *sex friends* ? – Je suis dans l'abstinence totale, j'ai résolu le problème. » Aucune blague grivoise ne vient relancer le débat. On respecte Lambert.

À cet instant, tout devrait prendre fin, parce qu'on a eu le frisson d'un chaos moral, la parole qui réinstaure l'ordre moral hypothétiquement menacé et enfin la blague ironique lancée à des invités pas si innocents. Ce petit malaise qui fissure le quatrième mur fait la signature des émissions d'Ardisson. Mais le gamin qui a grandi avec la télé saisit la balle au bond. Kev Adams : « Moi je m'en cache pas, j'ai eu des *sex friends*. Complètement. Juste pour le kiff. Sauf que ça se différencie à

5. *Salut les Terriens*, Canal +, 20 février 2016.
6. Mais rappelons que ce terme ne saurait s'employer à la légère : l'atteinte à la dignité de la personne est punie par la loi (code pénal, articles 225-4-1 à 225-25).

un petit détail. Vous avez dit Thierry, vous l'avez dit aussi : les plans c'est quand y'a zéro sentiments. Je ne suis pas vraiment d'accord. Moi, les filles avec qui j'ai vécu ça, que j'ai vu plusieurs fois et tout ça – alors oui j'étais pas amoureux d'elles, mais je les aimais bien – c'était pas : "T'arrives à la maison, allez, ça baise et tout." C'était : "Alors comment ça va, allez viens, on baise après." »

Bizarrement, le petit jeunot n'arrive pas à trouver pertinente l'opposition entre la dignité et le plan cul. Pire, apparemment, il parvient à respecter son partenaire sexuel occasionnel.

Après un tel succès, l'animateur en noir reprend aussitôt son rôle de bouffon : « Thérèse, et vous, est-ce que vous avez des plans cul ? – Alors, mon plan cul, c'est mon mari, c'est un plan cul très régulier du coup. » Aucun rire n'a pu être enregistré par le micro-cravate des invités. La réponse se voulait ironique pourtant. Elle n'en rate pas moins le bouleversement capital qu'introduit le plan cul dans notre sexualité, à savoir qu'il inverse le rapport entre le sexe et l'amour. « Alors qu'autrefois l'amour menait au sexe, nous assistons à un véritable retournement historique, écrit le sociologue Jean-Claude Kaufmann, désormais c'est le sexe qui peut mener à l'amour[7]. » Ou pas. Mais ce qui compte, c'est que l'on découvre l'existence de tout un *continuum moral* dans lequel s'insère l'expérience sexuelle.

Il ne faut pas trop exagérer cette inversion, croire que l'on passe à présent aussi directement au sexe que l'on bascule la banquette arrière de la voiture. Il y a des préalables, et les échanges sur les réseaux font partie de l'épreuve morale qu'impose la drague numérique. J'appelle « continuum moral » l'ensemble des actes qui préparent, accompagnent et suivent la rencontre sexuelle. La conversation qui se poursuit après l'acte en fait partie, au point qu'elle peut paradoxalement devenir le moment le plus impor-

7. Jean-Claude KAUFMANN, *Sex@mour*, Armand Colin, Paris, 2010, p. 172.

tant de toute la séquence. La rencontre occasionnelle, à l'abri du regard de ses pairs, n'est pas nécessairement sans lendemain. Des visages que l'on aurait pu effacer de sa mémoire se combineront peut-être pour former un nouveau cercle d'amis.

Si l'on devient *sex friends*, c'est moins dans le but de parvenir à coucher ensemble que pour s'épargner tout ce que la drague, numérique ou non, a d'éreintant. On devient amis parce que ce monde hostile doit être affronté ensemble. Un monde où beaucoup tiennent des rôles qui ne les autorisent pas à baiser en restant sincères. Un monde de calculs où l'on ne sait plus résister à la tentation de tout maximiser et où l'on veut parvenir à vivre l'instant présent malgré le fait que ces mots sonnent instantanément aussi creux que ceux d'un surfeur ringard avec des algues dans les cheveux.

Une longue focalisation sur la pulsion sexuelle nous avait aveuglés au point qu'on avait évacué la question de son inscription dans un espace social et technologique en pleine évolution. Et pourtant, c'est là que réside pour nous la véritable énigme : dans un monde aux possibilités sexuelles plus vastes, comment organise-t-on ce qui relève apparemment de la pulsion et du fantasme le plus décousu ? Si l'on pose la question ainsi, alors notre attention se déporte des images, des tabous, des enquêtes sur la nature du désir pour se concentrer sur une véritable pragmatique sexuelle.

Ni pur amour platonique ni simple sexe bestial : la sexualité se trouve toujours dans un entre-deux, dans une gradation dont les deux extrêmes restent paradoxalement insaisissables – raison pour laquelle nous sommes bel et bien perdus. Le geste philosophique que je propose, pour tenter de s'orienter au milieu de ce désert sentimental peuplé de fennecs et de cactus, consiste à se détourner aussi bien de l'Amour idéal que de sa contrepartie, le plan cul brutal. Essayer plutôt de suivre le fil d'une éthique minimale qui trace, chemin faisant, les contours d'une nouvelle amitié sexuelle.

Sex friends

Pour commencer – ce sera la première étape de la réflexion –, il nous faut prendre acte du fait qu'aucune technologie ne fera le travail de la rencontre à notre place. Au contraire de ce qu'ils nous promettent, sites et applications nous confrontent quasi systématiquement à des échecs. Mais c'est précisément en cela qu'ils sont captivants…

1. PERDUS DANS LES LABYRINTHES NUMÉRIQUES

> Modern Love
> Gets me to the Church on Time
> (Church on Time)
> Terrifies me
> (Church on Time)
> Makes me party
> (Church on Time)
> Puts my trust in God and Man.
>
> David BOWIE, *Modern Love* (1983).

J'ai grandi en appréciant le pire film de la carrière cinématographique de David Bowie, *Labyrinthe* – le film qui a réussi à faire d'un génie postmoderne une starlette ringarde affublée d'une perruque blonde et d'un pantalon en cuir. Mais, quand on est enfant, tout peut faire l'affaire, du moment qu'il y a une marionnette dedans.

Les applications ou les sites de rencontres sont des labyrinthes (je ne recule jamais devant une métaphore éculée, soyez prévenus). Non pas parce qu'on en sortirait avec une tête de minotaure tranchée en bandoulière, mais parce qu'on s'y perd irrémédiablement. Tout le monde y apprend à faire des choix, à s'embrouiller dans ces choix, à découvrir la limite de ses propres calculs.

Lorsqu'on mobilise le labyrinthe comme métaphore de la vie, on se doit d'être précis. En l'occurrence, il ne s'agit pas d'un labyrinthe unicursal (avec un seul long chemin comme celui de Chartres) ni d'un labyrinthe pluricursal (qui se déploie en une série de carrefours et d'impasses menant à une issue). Il s'agirait plutôt d'un labyrinthe herméneutique, où les progrès que l'on y fait redessinent les options du labyrinthe lui-même. Bref, on n'en sortira pas.

La grande vertu du labyrinthe est que s'y perdre constitue une épreuve morale. Mais en quoi peut bien consister un progrès moral dans une situation aussi désespérée ? Commencer par connaître les contours de ce labyrinthe, éviter ses pièges, apprendre ses propres limites, et surtout produire de la confiance entre les Ariane, les Thésée ou autres Minotaure qui y sont coincés.

POURQUOI L'ÂME SŒUR RESTE INTROUVABLE

> « Ta partenaire compatible ultime n'a pas encore été sélectionnée. Le système s'affine au fur et à mesure que chaque participant évolue à travers de nombreuses relations et utilise ces données pour sélectionner un partenaire compatible ultime.
> — Le "jour de l'appariement", oui, et c'est toujours le partenaire parfait…
> — Dans 99,8 % des cas.
> — Mais je vais devoir vivre beaucoup de relations pour la trouver.
> — Exact. »
>
> Charlie BROOKER, *Black Mirror* (2017, S4E4).

Le romantisme de celles et ceux qui cherchent l'amour n'est pas chimiquement pur. Il se double d'un certain utilitarisme, je veux dire d'un calcul visant à maximiser les chances de trouver le meilleur partenaire. Il faut pouvoir cibler sa recherche. Tous les exaltés qui, aujourd'hui comme hier, se sont lancés dans la quête de l'âme sœur partagent cette même nécessité, ce qui leur donne parfois un curieux air de ressemblance. Ils ont encore en commun quelque chose de plus fondamental : l'échec.

En 2010, un mathématicien anglais publie un article intitulé « Pourquoi je n'ai pas de petite amie ». Dans ce court texte, dont il admettra par la suite la stupidité, Peter Backus applique à sa vie personnelle l'équation servant à calculer la probabilité de la vie extraterrestre. Sa question est la suivante : avec combien de femmes à Londres (4 millions d'habitants à l'époque) aurait-il pu former un couple parfait ? Son idée est qu'il lui faut décomposer chacune de ses préférences pour affiner le plus possible ses critères de recherche. Résultat selon lui : vingt-six femmes compatibles [1].

En adhérant au scénario miraculeux d'un amour unique définissable *a priori* – *the one* –, son approche oublie que l'on peut trouver désirables des personnes différentes, être séduit par des gens dont on n'avait pas idée qu'ils nous attireraient. Sachant que l'idéal féminin représente un soleil vers lequel tous les poètes ont essayé de voler avant de s'écraser dans un fossé, on pouvait douter du succès de notre mathématicien, forcément moins inspiré. Mais c'est un reproche mineur.

Le principal problème concerne la logique du ciblage parfait, avec ses inévitables effets pervers. Plus vous multipliez les critères au départ, plus vous réduisez l'échantillon à l'arrivée. De sorte que plus vous précisez le choix, moins vous allez avoir de choix. De même, les sites de rencontres ne peuvent pas vous promettre de trouver l'âme sœur, seulement vous garantir un large bassin de profils à passer au crible. Mais plus vous spécifiez vos critères, plus vous sacrifiez de profils – vous retrouvant *in fine* avec un choix restreint alors même que la promesse de départ reposait sur l'immensité des possibles. C'est un cercle vicieux.

Mais le ciblage matrimonial est encore pris dans une autre contradiction. D'une part, trouver l'*alter ego* n'est possible que grâce à la constitution de groupes formant des viviers de personnes compatibles. Mais, d'autre part, dès que cela fonctionne, dès que les gens trouvent ce qu'ils cherchent, le

1. D'après Hannah Fry, une mathématicienne qui évoque son travail, « il mobilise un procédé bien connu des scientifiques qui consiste à décomposer une grosse estimation en une myriade de petites plus informées ». Voir Hannah Fry, *Les Mathématiques de l'amour*, Marabout, Paris, 2016, p. 2.

groupe se dépeuple. On retrouve ici le même dilemme que pour les soldes : le fait que chacun parcoure tous les magasins à la recherche de l'article parfait multiplie les chances qu'il puisse avoir été acheté entre-temps par d'autres et ne soit plus disponible en stock quand vous arrivez.

Sans compter que, en l'occurrence, le stock est très partiel au départ. À la rigueur, si, dans un scénario dystopique, toute la population des célibataires pouvait être convoquée impérativement par un décret gouvernemental et être scannée automatiquement pour participer à un grand rallye national, le processus de sélection aurait peut-être une chance d'aboutir. Mais, sans cet artifice autoritaire, les données récupérées sont manquantes.

Au demeurant, ces ratés arrangent très bien les sites de rencontres. De leur point de vue, il serait catastrophique que chacun trouve instantanément son bonheur. Si tous les nouveaux amoureux devaient se désabonner aussitôt en annonçant leur mariage, la cohorte suivante resterait sur la touche. L'amour d'aujourd'hui abolirait l'amour de demain, et avec lui les profits de ces boîtes. Leur *business model* exige au contraire de prendre au piège le plus longtemps possible les célibataires en mal d'amour.

Apprécions ce paradoxe. Si les applications de rencontres marchaient vraiment, elles deviendraient vite inutiles. Tous les couples se formeraient et l'univers de la drague en ligne s'effondrerait. Ne resteraient plus que quelques célibataires endurcis, rétifs par nature à toute forme de monogamie exclusive et durable. Ils représenteraient une poignée de débauchés que le système ne pourrait jamais intégrer. Traqués, ils devraient se cacher loin du monde, ou vivre dans les bois humides comme dans le film *The Lobster*. Les jeunes mariés, quant à eux, seraient éternellement reconnaissants. Ils baptiseraient leurs enfants du nom de l'application qui leur a permis de se rencontrer – ou du nom de l'une des fonctionnalités de ces applis : Like,

SuperLike, Swip, Match. Ces mots étant combinés, on pourrait avoir des gamins du nom de Tap Tinderson… Une utopie se réaliserait enfin.

Si les applications marchaient, on entrerait donc dans un monde amoureux défini par les caractéristiques suivantes. Les relations amoureuses seraient : 1) sexuellement exclusives ; 2) monogames ; 3) ultimes et définitives. Ce monde-là – je propose de l'appeler « EMU » (exclusif, monogame et ultime) – serait celui de l'amour véritable.

Si j'invente ce concept de monde EMU, c'est parce que je trouve remarquable que, dans la plupart de mes conversations post- ou précoïtales ou simplement amicales, l'interrogation ne porte pas tant sur ce que l'on ressent, sur ce que l'on éprouve à coucher avec des gens plus ou moins inconnus, que sur l'aura que ce que l'on vient de vivre jette sur ce monde EMU potentiel, c'est-à-dire sur la façon dont ce que l'on vient de vivre fait briller encore l'espoir du paradis de l'amour. Sommes-nous plus ou moins proches de la ligne d'arrivée ? Sommes-nous prêts ou non à quitter le système, à abandonner le monde de la drague ? Ou venons-nous de nous y enfoncer encore davantage ?

Je trouve qu'il est philosophiquement intéressant (et très ironique) de constater que nous frissonnons ainsi pour ce monde EMU tout en œuvrant sans cesse à son effondrement. Car notre monde amoureux est intrinsèquement contradictoire – et pas uniquement parce que, vous savez, les hommes sont tous des porcs ou que les femmes préfèrent les diamants. Non : le fait même de vouloir construire ce monde implique sa négation, comme le montre brillamment l'épisode 4 de la saison 4 de la série *Black Mirror*, intitulé « Hang the DJ ».

Le scénariste a imaginé un monde où les rencontres sont prescrites par un algorithme. Celui-ci scanne les personnalités, calcule les compatibilités, fixe des rendez-vous, ordonne les ruptures et fait se succéder les relations jusqu'à déterminer l'accord parfait. Parvenir au partenaire ultime présuppose donc de tester beaucoup de rencontres. Ce qui revient à dire qu'il faut au préalable goûter à la débauche et se perdre dans le labyrinthe éthique du « c'est compliqué » pour parvenir enfin aux joies glorieuses du mariage ou (plus modestement) du statut Facebook « en couple ». En même temps donc que l'on pose un idéal amoureux EMU, on reconnaît qu'il existe un enfer nécessaire et inévitable, une antichambre du paradis de l'amour EMU. Bref, parvenir à l'amour idéal implique forcément de passer par son contraire.

Mais imaginons un instant que l'on ait les moyens technologiques de faire les calculs nécessaires pour appareiller les couples le plus parfaitement possible. On admettrait alors que l'amour est une question d'alchimie, qui se joue à quelques nanomoles d'hormones par litre près, ou à quelques sous-catégories socioéconomiques près... *In fine*, l'algorithme finirait par trouver la paire idéale, celle de la compatibilité maximale, et les individus devraient alors se soumettre à sa prescription. En adoptant l'hypothèse d'un monde déterministe, les applications de rencontres pourraient former les couples et les marier sans leur consentement. Avec le téléchargement de chaque application seraient livrés par la poste un harpon et un filet de gladiateur pour aller aussitôt kidnapper l'être aimé en sifflotant « Pour que tu m'aimes encore ».

Une telle solution montre aussitôt ses limites si l'on tient à la liberté des amoureux. Contre ces nouveaux mariages forcés, les réfractaires feraient alors sans doute valoir que le véritable amour se signale au contraire par sa capacité à résister à tout calcul. L'amour authentique, diraient-ils, ne saurait naître d'un calcul de probabilité, mais bien plutôt du refus commun de tout calcul objectif. Il ne survient que si vous et votre partenaire décidez en même temps de ne plus vouloir être testés par l'algorithme et décrétez un amour commun, imprévisible et romantique, plein de rires et de sexe étourdissant, plein de confiance en l'avenir et d'achats de *sextoys* en ligne. La plus belle preuve d'amour consisterait à désinstaller l'application de son téléphone et à renoncer à tous les plans cul potentiels qui fleurissent dans ce champ des possibles. Bref, l'amour du monde EMU ne pourrait en fait être atteint que par le refus de la logique qui était censée y conduire.

Si j'étais un personnage de l'épisode de *Black Mirror*, je ferais évidemment partie des avatars qui se résoudraient de bon cœur à rester enfermé dans la sphère des rencontres perfectibles en refusant de faire le grand saut dans l'au-delà. Outre mon goût presque esthétique pour la débauche – aussi injustifiable que ma préférence pour le rock psychédélique ou le *Japanesque horror* –, j'invoquerais une raison plus fondamentale. Car, dans toute cette affaire, il y a un problème gnoséologique. Je m'explique : la terre promise du monde EMU n'étant conçue que comme la négation abstraite du monde pré-EMU dans lequel nous vivons, elle nous est tout aussi inconnue et tout aussi peu assurée qu'une hypothétique vie après la mort.

Or, plutôt que de passer notre vie à nous demander si cet espoir nous est ou non permis (j'espère que vous goûterez avec quelle perversité je trahis et respecte à la fois la fameuse question kantienne), il me semble plus pragmatique de regarder en face notre monde non-EMU, de prendre acte du fait qu'il est notre condition ici-bas.

Certes, comme on l'a vu, les partisans de l'amour vrai admettent que l'on doit passer par le monde pré-EMU, celui dans lequel nous vivons. Mais, cela étant acquis, ils ne cessent de le condamner. Ce monde, qu'ils présentent comme transitoire, leur apparaît comme un véritable enfer. Il est le « marché sexuel » ou le « marché de la drague », miroir de notre consumérisme ou de notre tendance à la débauche. Et nous-mêmes, à force de les entendre le répéter, nous finissons aussi par le penser, passant d'une vague mélancolie à un pessimisme qui nous conduit, tranquillement mais sûrement, à l'autodénigrement.

En l'état, ce monde pré-EMU est loin d'être parfait, il peut et doit être critiqué, changé. Mais notre déception à son égard justifie-t-elle que nous validions cette vision sombre – pour ne pas dire cynique – de nos pratiques et de nos désirs ?

LES EFFETS DE L'INTERFACE : PARALYSIE ET MÉLANCOLIE

> « J'y suis par phases en fait, parfois je l'utilise, et à d'autres moments, je ne sais pas si ça me plaît en fait…
> — Ah bon ? pourquoi ?
> — Pour être honnête, j'ai l'impression que, dans 80 % des cas, je me sens comme un gode sur pattes. »
>
> Drake DOREMUS, *Newness* (2017).

En devenant le médiateur de la rencontre, l'interface la ralentit aussi considérablement, au point de la paralyser. Elle oblige à examiner, classer, sélectionner, établir des critères de sélection… La situation est simple : nous avons tout pour multiplier les rencontres, nous n'arrivons pas à les utiliser et nous nous en plaignons.

Même les mieux lotis du monde de la drague, les célibataires exigeants d'Attractive World, ne peuvent s'empêcher de verser quelques larmes dans leurs cocktails champagne-framboise. La conversation démarre fort, puis se termine sur une petite mélodie tristounette façon *Foule sentimentale* d'Alain Souchon :

> Je crois que maintenant on est dans une société où on a le choix. Et avoir le choix finalement c'est avoir le pouvoir. Et puis en même temps, ben c'est déprimant. Parce que plus on a le choix, plus on devient exigeant. À l'époque de mes parents, on faisait beaucoup de concessions, finalement. Maintenant, on ne fait plus de concessions. Donc on a envie de trouver le profil parfait qui correspond à nos attentes. Et là, comme j'ai dit, en un clic on peut trouver. Donc là, c'est génial, on est vraiment dans une société de consommation.
> — Vous avez trouvé ?
> — Non, je n'ai pas trouvé. Je n'ai pas le temps [2].
> Et elle boit cul sec son cocktail assaisonné de ses larmes.

2. Bahar MAKOOI, « Célibataires exigeants », *Les Pieds sur terre*, France Culture, 17 mai 2012.

Contrairement aux idées reçues, l'expansion de la drague numérique ne conduit pas à une multiplication générale des relations sexuelles. Les jeunes générations, pourtant les plus connectées, auraient leurs premiers rapports sexuels plus tard que par le passé. En 1991, aux États-Unis, 54 % des 14-18 ans avaient eu au moins une expérience sexuelle. En 2017, ils ne sont plus que 40 % [3]. Un jeune Américain (entre 18 et 29 ans) n'a que quatre rapports sexuels par mois, et un jeune Britannique, cinq [4]. La nouvelle génération chercherait la sécurité, resterait rivée à son écran, serait plus facilement déprimée... Aux États-Unis toujours, on estime qu'un adulte avait en moyenne 62 rapports sexuels par an à la fin des années 1990 contre 54 aujourd'hui [5]. Les pratiques sexuelles se différencient. Certains rencontrent davantage de partenaires, d'autres s'abstiennent.

Au milieu des années 2000, Nick a plus de 40 ans. Nick déteste les boîtes de nuit, mais il s'intéresse aux nouvelles technologies et à la science-fiction. Alors, tel un jeune étudiant de Sciences Po découvrant le néolibéralisme et lançant son premier *think tank*, Nick pense qu'il est assez malin pour utiliser Meetic pour ce que c'est vraiment : une interface de geeks permettant de baiser à tire-larigot.

Nick, connu pour son blog JeNiqueSurMeetic – tout en hétérosexualité masculine, drague lourde, majuscules toxiques et argot des années 1990 –, est aussi l'auteur d'un petit livre, qui commence par un constat d'abondance :

3. Et 15 % des 20-24 ans affirment être encore vierges alors qu'ils n'étaient que 6 % de la « génération X » (nés entre 1961 et 1981) à le rester durant les années 1990. Voir CENTER FOR DISEASE CONTROL AND PREVENTION, « Trends in the prevalence of sexual behaviors and HIV testing national YRBS : 1991-2015 », https://www.cdc.gov/.
4. Chiffres cités par Bobby DUFFY, directeur des recherches sociales d'Ipsos MORI, dans *The Perils of Perception. Why We're Wrong About Nearly Everything*, Atlantic Books, Londres, 2018.
5. Kate JULIAN, « Why are young people having so little sex ? », *The Atlantic*, décembre 2018.

> Il y a un MAXIMUM de nanas sur le chat le samedi soir ! Du moins dans ma tranche d'âge « naturelle », soit 30-40 ans. Mères célibataires bloquées à la maison à cause des enfants ? Femmes trop seules qui ont envie de parler [...] ? Toujours est-il qu'il y a du choix. En moyenne sur ma zone géographique, je trouve six à huit pages contenant chacune dix profils, donc entre soixante et quatre-vingts femmes à la recherche du prince charmant, ou décidées à mettre un peu de piment dans leur vie sexuelle (souvent les deux d'ailleurs, même si ce n'est que rarement assumé). Je parcours les annonces, mate les photos, pousse des exclamations (Miam ! Berk !) lorsqu'on me branche ou que je trouve une annonce qui a l'air sexy. Bref, je me sens comme un gosse dans un magasin de jouets et je m'amuse comme un fou [6].

Plutôt que d'aborder une fille dans un bar, Nick vise désormais un groupe entier, une série de pages de profils, une cohorte de femmes. Le général a remplacé le singulier.

Bien décidé à devenir le DRH de sa propre vie sexuelle, il annonce :

> J'y passerai un an, organisé, concentré, joueur. Je vais rencontrer un nombre hallucinant de nanas. Je vais aussi affiner mes « techniques de chasse », bûcher mes connaissances en psychologie féminine, rencontrer des allumées, des bombes, des grues, des chaudes, des coincées. J'y aurai des surprises, mais je me prépare en tout cas une année hors du commun [7].

La logique du mec cool des années 2000 est simple : en découvrant ce monde de choix infinis, lui, contrairement aux « encostardés », assume son désir. En conséquence de quoi, il se permet de vilipender toute femme qui hésiterait à répondre à ses avances. Le sous-entendu étant ici que Nick, lui, sait ce qu'est le sexe. Le problème, ce sont les femmes : impossibles à comprendre, moches, coincées, difficiles à chasser... L'avantage lorsqu'on est gay, au moins, c'est qu'on sait toujours

6. Nick, *Des souris et un homme*, Robert Laffont, Paris, 2005, p. 15.
7. *Ibid.*, p. 14.

que critiquer les mecs revient à la fin à se critiquer soi-même. L'hétérosexualité de Nick sert plutôt à s'aveugler tranquillement sur ce point.

Le journaliste Stéphane Rose, qui s'est lui aussi lancé dans une exploration des sites de rencontres, organise un planning, butine, puis, très vite, se dit dégoûté de sa propre réussite (ce qui ne l'empêchera pas plus tard d'écrire un livre intitulé sobrement *Osez devenir une bête de sexe*[8]). C'est la dialectique classique de la fréquentation des sites de rencontres : on se gave, puis on se plaint d'avoir perdu l'appétit.

L'anti-Nick existe, en une version féminine qui a l'avantage d'être bien plus subtile. Dans un livre écrit à la façon d'un journal de bord, Emily Witt raconte son exploration des sites de rencontres. Là où, pour Nick, faire un choix se résume à dire ok aux plus belles filles qui répondent à ses avances, Emily Witt s'engage dans une démarche cognitivement plus complexe, organisant des visites pour ses amants numériques, des expos, des concerts, multipliant encore et encore les choix.

Sa conclusion est nuancée. Certes, ces interfaces « nous ouvrent au monde » et « satisfont nos désirs à un instant T », mais « à aucun moment ils ne nous éclairent sur ce qu'il faut faire de ce vaste éventail de possibilités. [...] Elles nous présentent des gens mais ne nous disent pas ce qu'il faut en faire »[9]. En dépit des mecs plutôt sexy qu'elle a rencontrés, aucun ne l'émouvait vraiment. Ni le compositeur fan de Bartók et de Thomas Pynchon, ni l'ébéniste rebelle de Brooklyn, ni le coiffeur hétéro tatoué.

La raison de ce blocage est due à la démarche même de la rencontre en ligne. « J'en ai conclu, poursuit-elle, que mon abstinence sur OKCupid s'expliquait par le fait que je considérais cette histoire de rencontres sur Internet comme un projet

8. Stéphane Rose, *Osez devenir une bête de sexe*, La Musardine, Paris, 2015.
9. Emily Witt, *Future Sex*, Seuil, Paris, 2017, p. 53.

à part entière, une entreprise que je prenais très au sérieux, contrairement à ma véritable vie sociale. J'avais établi des critères que mes partenaires devaient obligatoirement remplir pour que j'envisage de coucher avec eux. La réalité s'est avérée tout autre : ces hommes avaient beau satisfaire haut la main tous mes critères de sélection, mon corps, lui, n'éprouvait pas le moindre frisson. Si nous avions malgré tout décidé de faire l'amour, ça aurait été par dépit et sens du devoir plus que par réelle envie, et aucun de nous n'était dupe[10]. » La rencontre n'est pas spontanée. Préparée comme un concours d'agrégation, elle échoue sous l'effet de la pression et de l'artificialité de la situation.

LA TYRANNIE DU CHOIX

> « J'explore mes options dans une ville de 8 millions d'habitants. C'est raisonnable, non ? »
>
> Greg BERLANTI et Sera GAMBLE, *You* (2018, S1E3).

Avant que les philosophes (immunisés contre tout vagabondage sexuel par une vie sentimentale aussi stable et éternelle qu'une idée platonicienne) ne s'emparent des effets possibles de cette effraction technologique dans l'un de leurs thèmes favoris (l'amour), ce sont les radars des sociopsychologues amateurs de conférences TED (*Technology, Entertainement, Design*) qui ont donné l'alerte.

Un conférencier TED ne dispose pas des mêmes moyens qu'un film comique pour attirer votre attention. Pour que vous l'écoutiez jusqu'au bout, il va monter en épingle une crise existentielle fondamentale. À l'en croire, donc, la drague en ligne est une catastrophe. Dans une conférence intitulée « Notre obsession malsaine avec le choix », Renata Salecl affirme que ces applications généralisent un « donjuanisme narcissique » :

10. *Ibid.*, p. 32.

« Nous cherchons quelqu'un à enchanter et à séduire, pour nous débarrasser de lui quand nous trouvons un substitut de valeur égale ou supérieure. La puissance du séducteur culmine au moment où il obtient une réponse positive d'autrui. Mais il tient sa cible à distance ; il ne veut même pas envisager qu'elle ait ses désirs ou fantasmes propres [11]. » Menteur, superficiel, lâche, égoïste, arrogant : tel est le portrait du séducteur numérique.

On peut cependant douter que ces interfaces favorisent l'éclosion de don Juan narcissiques. En pratique, tous les utilisateurs sont écrasés sous le poids d'une grille aveugle, classant les profils du plus proche au plus lointain. Aussi sculpté que soit votre corps ou pulpeuse votre poitrine, il y a une dizaine de personnes à côté de vous qui ont les mêmes atouts. Si un homme refusait d'être trivialisé par le désir de l'autre, d'être transformé en simple objet sexuel et de perdre le contrôle, il commencerait par refuser de s'inscrire sur une application de drague. Loin de le repaître du seul reflet de sa propre image, le miroir électronique lui montre un monde où il n'est plus qu'une vignette aux yeux de tous les autres. Aucune technologie n'empêche les dons Juan narcissiques d'exister, mais elle peut contrarier leur efficacité. Une interface qui se résume à dire : « Voilà toutes les personnes qui sont sexuellement disponibles ; aucune ne t'est acquise et toutes peuvent te bloquer et ne jamais te répondre » ne sert pas les intérêts d'un dragueur qui aurait rodé ses *pick-up lines* dans les années 1980.

Le psychologue Barry Schwartz, grand habitué lui aussi des conférences TED, soutient la thèse selon laquelle le choix, loin d'assurer la maximisation de notre bonheur, cause notre malheur. Interrogé par le comédien Aziz Ansari pour savoir combien de personnes il faut rencontrer avant de trouver l'âme

11. Renata Salecl, *La Tyrannie du choix*, Albin Michel, Paris, 2011, p. 129.

sœur, il rétorque : « Toutes, bon sang ! Sinon, comment savoir qui est la personne idéale ? La recherche d'un absolu est le meilleur moyen de vivre dans le désespoir total [12]. »

Sa réponse est ironique, mais la thèse est au fond peu subtile : selon lui, la multiplication des choix est corrélable avec l'augmentation des cas de dépression dans nos sociétés modernes – par « moderne », il faut entendre une société capable de proposer cent soixante-treize vinaigrettes différentes dans une supérette. La personne la plus heureuse serait celle qui décide le moins et se satisfait le plus de ce qu'elle a. Aux goûts vestimentaires de Barry Schwartz, on comprend qu'il fait partie de ceux qui savent se contenter de peu – et ce n'est pas un mec qui porte des t-shirts froissés (moi) qui le lui reprocherait.

À l'encontre de l'idéologie libérale dominante, Barry Schwartz souligne les effets négatifs du choix.

D'abord, tout choix suppose de rejeter les autres termes de l'alternative. En renonçant à ces possibilités, on fait un sacrifice – ce que les économistes appellent le « coût d'opportunité ». En théorie, les choix économiques peuvent être ramenés à des dépenses d'argent, mais quand on exporte cette théorie du choix rationnel dans la réalité, on se rend vite compte qu'il n'existe pas nécessairement d'étalon commun permettant d'exprimer à nos yeux la valeur de différents jobs, différents films ou différents partenaires sexuels. Au lieu d'appliquer tranquillement des calculs d'économistes, on entre dans une spirale de comparaisons indécidables.

Chaque objet, personne ou activité cumule en outre plusieurs caractéristiques, ce qui permet d'envisager plusieurs classements possibles, de sorte que l'on va aussi devoir établir des classements entre les critères de classement eux-mêmes. Pour reprendre les exemples d'Emily Witt, même si le coiffeur

12. Aziz ANSARI, *Modern Romance*, *op. cit.*, p. 144.

de Brooklyn a un niveau de vie inférieur au compositeur fan de Bartók, qu'il est moins responsable et mûr que l'ébéniste rebelle, il est peut-être aussi plus facile à vivre que les deux autres. Au final, le simple fait de savoir ce qui compte ici le plus entre la maturité, le bon temps passé ensemble ou le niveau de vie suppose déjà de faire un choix. L'économiste aurait beau réduire tout ça à l'unique étalon de la richesse, il n'aurait fait qu'esquiver le problème. « L'existence de plusieurs alternatives nous permet facilement d'imaginer des alternatives qui n'existent pas – des alternatives qui combinent les éléments attrayants de celles qui existent. Et, dans la mesure où l'on engage notre imagination sur ce chemin, on finira par être encore moins satisfait avec l'alternative finalement choisie. Donc une fois de plus, une plus grande variété de choix nous fait nous sentir plus mal[13]. » Le coût d'opportunité devient quasi impossible à calculer.

Plus on doit choisir, plus notre vie sexuelle et sentimentale devient un projet laborieux. Notre responsabilité est étendue au moindre paramètre que nous pouvons régler. Le choix démultiplie les effets de responsabilisation, le travail de justification et les efforts pour construire une identité cohérente. Et savoir qui l'on est se transforme en une longue narration arthurienne qui occupe toute une vie.

On peut facilement comprendre le bénéfice qu'il y a à ne pas choisir en se tournant vers une conception plus traditionnelle : si l'amour est perçu comme une passion puissante, un sort jeté par Cupidon, on peut éviter de s'en sentir responsable – à part sur le mode de la tragédie. En considérant le poids cognitif que fait peser ce monde d'informations à trier, nous finissons par idéaliser un monde où la surprise était possible. Nous vivons nos choix sur le mode du regret. Nous ne sommes

13. Barry SCHWARTZ, *The Paradox of Choice*, HarperCollins e-books, 2004, p. 123-124.

pas à l'aise avec le confort libéral vers lequel convergent nos valeurs. Bref, on devient un vieux con nostalgique au bout de deux mois d'utilisation d'une appli de drague.

Le problème avec l'analyse de Barry Schwartz, comme du reste avec le « développement personnel » en général, c'est qu'elle conduit à sur-responsabiliser les sujets en les psychologisant. En remplissant des tests de personnalité, en calculant vos scores pour savoir à quel point vous êtes mal barré, vous complétez un bilan général, dont votre personnalité devient la cause et non le résultat. La conclusion est invariable : le problème, c'est vous, et non le monde.

Face à cette profusion de choix, il existerait deux attitudes antagonistes, deux pôles fondamentaux. D'un côté, expose Barry Schwartz, il y a les maximisateurs (*maximizer*) : « Vous cherchez et n'acceptez que le meilleur[14]. » À force cependant de déprécier la réalité en la comparant systématiquement à ce qu'elle pourrait être mais qu'elle n'est pas, les maximisateurs sont souvent au bord de la dépression. De l'autre, vous avez les satisfaiseurs (*satisficer*) : « Se contenter de quelque chose qui est assez bon sans s'inquiéter de la possibilité qu'il pourrait y avoir mieux ailleurs[15]. » Eux sont plus heureux, mais aussi plus feignasses. Ils ont typiquement des jobs assez mal payés et un sens de la mode douteux (moi).

Certaines applications de rencontres ont déjà intégré les critiques des célibataires débordés en ne vous offrant qu'un seul « like » à accorder par jour, de façon à ralentir le rythme de consultation et se concentrer sur l'approfondissement d'un lien plus rare. L'application Once espère ainsi devenir l'application de drague décroissante qui permettrait d'échapper à la frénésie des réseaux sociaux.

Mais si ces deux grandes attitudes décrivent assez bien le rapport de Barry Schwartz à ses propres jeans ou aux vinai-

14. *Ibid.*, p. 77.
15. *Ibid.*, p. 78.

grettes, la rencontre se produit dans un monde interactif, où il ne s'agit pas simplement de choisir, mais aussi d'être choisi. La grande question est alors de savoir comment interagissent maximisateurs et satisfaiseurs.

On pourrait dire que la drague consiste à convertir l'autre à sa propre demande ou à être converti par lui : soit rendre un maximisateur moins exigeant pour obtenir ce qu'il peut donner, soit rendre un satisfaiseur plus exigeant pour avoir plus que ce qu'il propose. Sans la possibilité de cette conversion, on vivoterait, figé entre deux écosystèmes sexuels extrêmes et absurdes :

— si tout le monde était maximisateur, chaque utilisateur camperait derrière son écran en attendant l'occasion parfaite et on mourrait d'ennui, de névroses et de frustration sexuelle. Ça ferait un très beau film catastrophe ambiance Vienne début de siècle, avec Freud en héros pour psychanalyser tout ce beau monde ;

— si tout le monde était satisfaiseur, les orgies fleuriraient à chaque coin de rue comme à la Folsom Street de San Francisco, et tout le monde baiserait jusqu'à mourir de faim. Très Sodome et Gomorrhe. Beau film catastrophe aussi, mais dans un autre genre.

Dans les deux cas, la valeur de la satisfaction serait réduite à néant : soit inatteignable soit trivialisée à l'excès. La négociation entre maximisateur et satisfaiseur est donc sans doute inévitable, bien qu'elle soit par définition problématique.

Mais la véritable opposition réside peut-être ailleurs. Non pas tant entre satisfaiseurs et maximisateurs qu'entre ceux qui considèrent l'application comme un hypermarché du sexe et ceux qui comprennent que ce qui est véritablement en jeu, c'est la possibilité même de faire des *rencontres*.

2. UN HYPERMARCHÉ DU SEXE ?

« Une bière pour Monsieur Maxence...
— Alors, il l'a trouvé ?
— Toujours pas.
— Qu'est-ce qu'il a perdu ?
— Son idéal féminin.
— Il ne l'a pas perdu, il ne l'a jamais trouvé, c'est pas la même chose.
— Il l'a peint, paraît-il, c'est un peintre-poète. Il fait son service ici.
— L'idéal féminin, nous le cherchons tous, il n'est pas le seul.
— Soyez pas triste, Monsieur Maxence, des filles, après tout, y'en a plein les magasins. »

Jacques DEMY, *Les Demoiselles de Rochefort* (1967).

Un à-peine-trentenaire parisien parle de l'application de rencontres Tinder avec son ami. La pose est houellebecquienne : semi-sociologue, semi-poète. En tous les cas : blasé. Et sexiste. Comme l'écrivain français spécialiste des surgelés et des rapports sexuels tarifés, le chroniqueur improvisé de nos lâchetés contemporaines n'oublie pas de contenter la curiosité de son public masculin – en l'occurrence, son pote avachi dans le canapé en train de finir les chips. L'échange qui s'ensuit est extrait du documentaire *Love Me Tinder* (2014) :

> J'ai vu un petit peu comment marchaient les filles, j'ai vu qu'elles matchaient[1] une fois sur trente.
> — Une fois sur trente... ?
> — À peu près.

1. Matcher, de l'anglais *to match*, c'est-à-dire dans ce contexte : signaler à l'autre son intérêt en balayant son profil de son doigt.

> — Et toi, t'as eu cent matchs en deux mois ? Et t'as eu combien de rencontres ?
> — 20-25. J'ai beaucoup débité. À l'époque où j'étais vraiment au maximum, y'a eu un jour, j'ai pris des verres avec quatre filles différentes, c'était l'usine. Je me suis dit : « Mais où je vais là ? » C'était drôle. J'étais assis en face d'une fille un jour, elle me racontait sa vie. Et je me suis dit : « Mais combien de filles m'ont raconté leur vie ces derniers temps ? » Ça n'avait plus de sens.

Et d'ajouter : « *Je te dis 20-25, mais c'était sûrement plus aujourd'hui…* » Notre malheureux célibataire s'est donc sacrifié, poursuivant une activité absurde, tout en précisant qu'il l'a remplie avec succès. Lorsqu'il dénonce l'« usine » que représente la drague en ligne, il paraît s'imaginer en P-DG de ladite usine. Une étude montre par ailleurs que les hommes ont tendance à surestimer leurs conquêtes féminines en arrondissant les chiffres [2].

Dans le même documentaire, un témoignage féminin apporte un autre éclairage : les mecs, « *en général ils sont carrément moins bien que sur leurs photos de profil* ». Voix off et plan sur une terrasse :

> C'est fou comme on a appris à gérer notre image. Sur le marché de la rencontre moderne, en tête de gondole, tu dois t'afficher sous ton meilleur profil. Ton coup de foudre, ton étincelle, tu les vis seul. Tu matches, l'autre te matche. Tu t'envoies deux ou trois phrases marrantes. Tu vas au rendez-vous. Le mec sait qu'il te plaît déjà. Y'a plus de mystère, plus de séduction. Juste une succession de monologues superficiels sur nos vies. Tout est déjà acquis. Tu grilles toutes les étapes. Tu finis juste par te vendre pour ne pas te faire zapper direct. Tu as une heure pour convaincre. Alors tu te vends corps et âme. Tu soldes ton intimité. Tu n'as pas commencé à rencontrer la personne que ton histoire est déjà finie…

Le ton est pessimiste. La jeune femme fait comme si « matcher » quelqu'un sur Tinder rendait presque obligatoire

2. Étude Ipsos commandée par le président d'Ipsos, Bobby DUFFY, pour son livre *The Perils of Perception*, *op. cit.*

d'offrir son corps, son intimité ou des bières hors de prix dans un café parisien. « Vu qu'on devient nous-mêmes des produits, on subit les mêmes lois que les objets qu'on achète. Tout se remplace hyper vite, même nos histoires d'amour. Obsolescence programmée. »

Voilà la vérité enfin dévoilée de cette immersion complaisante dans le monde de la drague en ligne : nous sommes tous des produits, et la drague est un marché.

Je demande à tous ceux qui pensent être d'accord un petit moment de réflexion. Si cette affirmation est juste, elle ne peut l'être que comme une métaphore – et ce n'est ni la meilleure ni la plus explicative. Et puis, quand on l'utilise, même machinalement, on se retrouve vite en mauvaise compagnie.

Depuis *Extension du domaine de la lutte* (1994), Michel Houellebecq a surfé sur la figure de l'anti-héros christique, sacrifié sur l'autel des sites de rencontres. Le succès littéraire aidant, il a fait son beurre sur la lente dépression d'un héros condamné à la masturbation, aigri, ressassant les souvenirs de son ex, de plus en plus vaniteux, misogyne et capable de monologuer sur n'importe quel sujet avec une arrogance insupportable :

> Tout comme le libéralisme économique sans frein, et pour des raisons analogues, le libéralisme sexuel produit des phénomènes de paupérisation absolue. Certains font l'amour tous les jours ; d'autres cinq ou six fois dans leur vie, ou jamais. Certains font l'amour avec des dizaines de femmes ; d'autres avec aucune. C'est ce qu'on appelle la « loi du marché »[3].

Pour avoir l'air malin, il est de bon ton de manier la langue économique. J'ai moi-même déjà trop souvent usé de cette métaphore. Mais que cache l'étrange félicité de cette image du marché ?

3. Michel HOUELLEBECQ, *Extension du domaine de la lutte* (1994), J'ai lu, Paris, 2010, p. 100.

La sociologue Marie Bergström note que les intellectuels sont prompts à critiquer les sites de rencontres en les renvoyant à un prétendu consumérisme pour mieux défendre en retour le modèle romantique français. La métaphore s'enclenche pour déplorer trois choses : « Le caractère contractuel de la formation du couple, l'abondance et l'interchangeabilité des partenaires potentiels ainsi que l'explicitation des critères amoureux[4]. »

On peut aussi comprendre ce succès épistémologique d'une autre façon. Car une bonne métaphore est une métaphore que l'on peut filer. Sur ledit marché, il faut savoir « se vendre », affronter la « concurrence », mesurer sa « compétitivité », traiter ses prétendants comme des « clients », ne pas « se brader » (pour ne citer que la moitié du champ lexical qu'exploite *Marie-Claire* dans un de ses articles sur la drague en ligne[5]).

Mais on trouve autant de raisons de s'en méfier en moins de temps qu'il n'en faut pour lire un article de *Marie-Claire*. Les applis de drague sont-elles vraiment devenues le neuvième cercle de l'enfer marchand, où chacun se vendrait soi-même jusqu'à la dernière photo sexy ?

1. Si la drague était vraiment un marché dont nous étions les produits, on se trouverait sur un marché d'esclaves. Il me paraît plus pertinent de limiter l'usage de ce terme à la réalité historique de l'esclavage.

2. La locution « marché de la drague » peut se référer à un marché de services. Mais parle-t-on pour autant de Facebook comme d'un « marché de l'amitié[6] », de Twitter comme d'un « marché des rumeurs », de LinkedIn comme d'un « marché du piston » ? Les Anglo-Saxons, qui ont quadrillé la logique du

4. Marie BERGSTRÖM, « La loi du supermarché ? Sites de rencontres et représentations de l'amour », *Ethnologie française*, vol. 43, n° 3) p. 433-442.

5. « Love marketing : comment exister sur le "marché de la séduction" ? », marieclaire.fr.

6. Alan SEARS, « Lean on me ? The falling rate of friendship », Europe Solidaire Sans Frontières, novembre 2006.

dating, ont un usage plus précis des métaphores. Si vous voulez dire que vous êtes célibataire, vous arrivez sur le marché (*you're on the market*) – et la métaphore s'arrête là ; si vous voulez dire que vous êtes célibataires, vous pouvez parler de *dating pool*. Mais si vous parlez d'*online dating market*, vous désignez le marché concurrentiel des firmes de rencontres en ligne.

3. Une condition simple doit être remplie pour qu'il y ait effectivement marché : que des biens ou des services soient monnayés, échangés contre de l'argent. Il y aurait marché si les rencontres sexuelles s'y échangeaient contre de l'argent. Pour le coup, ce marché existe déjà : il s'agit de celui de la prostitution[7]. Par contraste, ces sites tirent profit de l'organisation d'échanges sexuels non tarifés. Ce qui est monétarisé est moins le service sexuel lui-même que la promesse d'un choix et d'une mise en relation, bref, l'accès à des échanges réputés non marchands.

4. Dira-t-on cependant qu'il y a « marché de la drague » dans la mesure où, sur ces plateformes, une valeur est assignée aux individus qui s'y exposent, une valeur sexuelle symbolique, *comme si* les personnes étaient des marchandises ? Ce serait plausible dans la mesure où quelque chose comme une loi de l'offre et de la demande gratifie certains plutôt que d'autres.

Mais cette définition est très problématique car, ainsi conçu, le jeu des interactions produirait une *marchandisation sans marché*. Bien qu'il n'y ait pas d'échange d'argent, la valeur que nous accordons aux autres obéirait à des lois mercantiles connues par ailleurs. La véritable question serait plutôt de

7. Il n'en existe pas moins ce que l'anthropologue Paola Tabet appelle un « continuum économico-sexuel ». Cette notion, qui vise à rendre visible l'« ensemble des relations sexuelles entre hommes et femmes impliquant une transaction économique », y compris donc de façon informelle, hors échange marchand *stricto sensu*, remet en cause la stigmatisation de la prostitution. Voir Mathieu Trachman, « La banalité de l'échange. Entretien avec Paola Tabet », *Genre, sexualité & société*, n° 2, automne 2009.

savoir pourquoi on veut à tout prix interpréter la drague sous cette catégorie de marché quand les prérequis les plus élémentaires ne sont pas remplis pour sa validité.

Je soutiens que cette marchandisation sans marché est une chimère. Il va sans dire qu'il existe beaucoup d'autres moyens de fixer la valeur de quelqu'un dans un milieu concurrentiel sans faire appel à l'économie de marché (pensez aux classements de jeux, aux tournois de foot, etc.). Mais cette idée s'est imposée avec une facilité si déconcertante qu'il y a quelque chose d'intriguant à analyser ici. Tout se passe comme si nous étions incapables de ne pas succomber au charme théorique d'une idée qui apparaît pourtant contradictoire après un bref examen.

Cette fragilité théorique trahit combien nous ne savons plus penser en dehors des termes d'une économie de marché, ne serait-ce que pour en déplorer les injustices. On finit par dire : « C'est la faute du marché », un peu comme on dit : « Maintenant, c'est la guerre ! » alors qu'on est seulement en train de jouer à *Star Wars* sur sa console de salon ou en train de renégocier son salaire (l'une des deux options m'est plus familière que l'autre).

Pour s'en convaincre, il n'y a qu'à voir l'utilisation marketing qu'Adopteunmec fait de cette métaphore. Le site de rencontres affiche un pictogramme où l'on voit un homme tomber dans un caddie poussé par une femme. En plantant un décor de supermarché autour des rencontres sexuelles, on les dédramatise, on dépotentialise leurs enjeux moraux et on décomplexe les femmes qui seraient autrement réticentes à s'abonner à ce genre de sites : vous n'êtes pas des marchandises, mais des consommatrices. Et voilà au fond votre seul et véritable pouvoir assumable. Autrement dit, cette marchandisation sans marché véhicule une sorte d'incapacité à faire face au réel sans l'excuse de la mercantilisation et le fantasme du pouvoir d'achat. La raison d'être de cette métaphore est secrètement puritaine : le marché, à tout prendre, c'est moins sale que le sexe.

DE LA MISÈRE SEXUELLE EN MILIEU *BUSINESS SCHOOL*

> Un bol entier, un bol entier de lait,
> Bien crémeux s'il...
> Bien crémeux s'il vous plaît.
> De sucre parsemez,
> Et vous amalga... et vous amalgamez !
>
> Michel LEGRAND, *Recette pour un cake d'amour*, *in* Jacques DEMY, *Peau d'âne* (1970).

Un film entier, *La Crème de la crème* (2014) de Kim Chapiron, est consacré à une analyse du marché sexuel. Et plus précisément à son fonctionnement au sein d'une école de commerce, prestigieuse et internationale. Vingt ans après *Extension du domaine de la lutte*, les puceaux misogynes reviennent, et ils sont en colère.

La thèse générale est ambitieuse : la reproduction des élites ne reposerait que sur la capacité à produire un réseau à HEC – ce qui n'est possible qu'en dominant le marché sexuel du campus. Se verrait alors vérifiée l'intuition de tout bon intellectuel frustré formulée un soir de désespoir devant les infos : les leaders du monde libre sont des chauds lapins [8].

Le film suit le personnage de Kelliah, une jeune élève issue d'un milieu populaire miraculeusement acceptée dans la *business school*. Dès la première soirée, où les étudiants chantent à tue-tête *Les Lacs du Connemara*, Kelliah doit se faire passer pour lesbienne afin d'échapper à la drague lourde de Jafaar, un élève arabe sexuellement marginalisé (alerte divulgâchis : le prince charmant blanc et bourgeois saura la rendre à son hétérosexualité originelle). Alors, pour éviter de se faire draguer, c'est elle qui parle de drague en premier. Elle devient la bonne copine des losers masculins. Elle ne s'attendait

8. Francis FUKUYAMA, *The Great Disruption. Human Nature and the Reconstitution of Social Order*, Free Press, Glencoe, p. 121.

peut-être pas à ce qu'on lui inflige en retour un cours de pseudo-économie de la drague :

> C'est pas un problème de filles…
> — C'est un problème de quoi ?
> — C'est un problème de polo. Tu vois, en vert, c'est l'association de rugby. Derrière, là, en bleu, c'est le yacht club, tu sais, ceux qui font de la voile. Et là, en rose, c'est le BDE, le bureau des élèves. Ce sont les vraies stars. Les pires. Si tu as le bon polo, tu chopes.

Kelliah suit les losers dans leurs chambrettes, tandis que Jafaar se résigne et mate Chatroulette sur son PC (le site où deux utilisateurs au hasard se montrent en cam et généralement finissent par se mettre à poil), seul dans sa chambre. Victime du trope scénaristique du « poisson hors de l'eau », Kelliah subit ensuite les analyses du camarade juif de Jaafar, Dan, lui aussi sexuellement marginalisé.

> Avec toutes ces filles, y'a forcément moyen.
> — C'est pas forcément une question de nombre. On est sur un marché dérégulé. […] Et selon les critères de ce marché, toutes choses égales par ailleurs, on a une attractivité faible, genre vraiment faible, tu vois, donc un capital faible, personne ne veut investir sur nous, parce que la masse des investisseurs ne change rien si le marché n'est pas volatil.
> — De quel marché tu parles, là ?
> — Le marché de l'école, le marché sexuel. […] Personne n'est là pour aller en cours, on est là pour networker. […] Les filles, elles calquent leurs choix sur quoi ? Sur celui des autres investisseurs. Elles ne sont pas à la recherche d'un mec qui leur plaît. Mais elles cherchent un mec qui plaira à la majorité d'entre elles. Donc ça veut dire qu'elles sécurisent leur investissement. Donc la demande augmente. Et le prix augmente avec. Or on est quoi ? On est comme sur le marché du luxe. Le prix, c'est le signe de la qualité du produit. Ergo le prix augmente avec la qualité du produit. Au final, quelques mecs baisent toujours plus. Et nous toujours moins… voire pas du tout, c'est vrai.

Le pouvoir est une question de relations. Les relations sont une question de sexe. Or le sexe est une question de pouvoir.

Mais qui a le premier construit cette magnifique structure de domination se répliquant à l'infini ? Le film résonne soudain avec l'immense frustration masculine sexiste grondant sur les réseaux sociaux pour entonner sa réponse. La distribution inégale des biens du marché sexuel est entièrement imputable aux filles. Le « célibataire involontaire » ou *incel* (comme il se désigne lui-même), qui a perpétré une attaque à la fourgonnette à Toronto ayant tué dix personnes le 23 avril 2018, ne dirait pas mieux [9]. Bien avant que Houellebecq ne donne en France une image romantique et littérairement présentable de cette haine des femmes, le puceau masculin hantait la pop culture. Houellebecq n'en est que la version nicotéinée et bardée de prix littéraires.

Des centaines de sitcoms et de films nous avaient fait faire connaissance avec ce petit mâle martyrisé, poussé contre les casiers du lycée, le slip tiré au-dessus de la ceinture, des slushies jetés au visage… Un nombre phénoménal de puceaux plus ou moins pathétiques avaient néanmoins pu s'émanciper en trouvant refuge sous la cape de protection que leur offrent les saints LGBTQI. Mais tous n'ont pas voulu de ces auspices infamants. D'autres se sont mis à raconter une autre histoire : le puceau, le *nerd* binoclard est écrasé par la puissance sexuelle du sportif, le *jock*, le « Chad », qui prive le puceau des « Stacy », des bimbos désirables et écervelées. Mais l'originalité de la position de l'*incel* est que, au lieu de lutter contre l'hétéronormativité comme tout bon lycéen gay et *queer* courageux, il réclame la punition et éventuellement la mort des coupables les plus faciles à éliminer à ses yeux, en l'occurrence les femmes.

Aux yeux des protagonistes du film de Chapiron, les filles seraient donc les vraies distributrices de valeurs sur ce marché

9. De même qu'Alexandre Brisonnette, l'auteur d'un attentat à la Grande Mosquée du Québec le 29 janvier 2017 qui a fait six morts et huit blessés, ou encore qu'Elliot Rodger, l'auteur d'une tuerie au couteau et à l'arme à feu qui a fait six morts et quatorze blessés en mai 2014.

dérégulé. Qui plus est, elles ne désirent qu'un nombre restreint et définitif de garçons. Le marché n'est donc pas « volatil ». Les autres étudiants n'ont aucune chance de rencontrer une fille qui préférerait les puceaux, c'est-à-dire qui aurait un « mode de consommation » différent. La sélectivité féminine et la concordance de leurs critères d'exigence ont créé ce marché si injuste. Leur incombe la faute d'avoir créé un marché sexuel ultra-concurrentiel dont souffrent nos deux puceaux. Au passage, le film réussit à faire passer les hommes pour les véritables produits (ou entreprises) victimes d'une demande féminine irrationnelle.

Je signale rapidement un problème logique : si les femmes désiraient et obtenaient cet unique produit rare, à savoir le garçon le plus populaire du campus, elles organiseraient leur propre frustration sexuelle. Toutes les filles souffriraient comme nos puceaux houellebecquiens. Pourtant, si les puceaux envient le Chad, c'est, comme ils le disent eux-mêmes, parce qu'il baise plus qu'eux. Par conséquent, à un moment ou un autre, la valeur de rareté accordée au Chad repose sur une illusion. En clair, si on sait que le beau gosse est un queutard, les filles n'ont plus de raison de lui accorder de la valeur. Les deux affirmations sont contradictoires, sauf si les femmes sont en réalité capables de tolérer la contradiction que représente la sexualité débauchée du beau gosse ; ou sauf si le beau gosse est en réalité un romantique et ment à ses camarades pour se faire passer pour un tombeur. Bref, dans ce marché non volatil, il y a de toute façon un jeu de dupes, ou un jeu de pouvoir que le marché lui-même ne parvient pas à saisir ni à réguler.

L'avantage de la métaphore économique est de montrer que la valeur sexuelle des individus est construite par un contexte social. Il faut reconnaître qu'on est loin de ces articles de blog de seconde zone ou de ces théories de youtubeurs masculinistes où l'on explique que les mâles humains ne rêvent que d'ensemencer sur terre tout ce qui ressemble à un vagin. L'économie respecte un peu plus le libre-arbitre que la sociobiologie ou la psychologie évolutive.

Pour le reste, la métaphore mercantile ne change rien et sert elle aussi à entériner une situation de domination. Pour ce qui est du sexe, en effet, il n'est pas sûr que cinq cents ans de capitalisme aient rompu avec plusieurs millénaires passés à contrôler et maîtriser la puissance reproductrice des femmes. Il n'y a pas de réelle « dérégulation » si les hommes sont en position de force. Le jargon économique recouvre ici comme ailleurs une situation de départ inégale, banalement sexiste. Si toutes les filles veulent le Chad, c'est parce que le mariage est présenté comme un accomplissement et qu'il suppose de se tourner vers le meilleur parti.

Certains masculinistes anglo-saxons s'appuient aujourd'hui sur la thèse de l'inégalité sexuelle pour réclamer une « monogamie renforcée » (*enforced monogamy*). Dans sa version faible, il s'agit d'encourager la monogamie et l'inégalité salariale. Un mentor dénué d'ironie, comme Jordan Peterson, sorte de copie de Tyler Durden en costume, vous répétera de grandir et de devenir un homme et vous fera payer des centaines de dollars pour vous faire prendre en photo avec lui. Dans sa version forte, le sexe (c'est-à-dire les femmes) serait redistribué aux hommes en fonction de leurs besoins sexuels. L'économiste Robin Hanson défend cette version, avec plus ou moins de prudence [10]. On en revient peu ou prou à un esclavage sexuel – avec des femmes qu'on échange pour le plaisir ou pour procréer comme dans *The Handmaid's Tale*, le roman de Margaret Atwood (1985), devenu série télévisée.

Par comparaison, les héros du film de Chapiron semblent presque timorés. Leur solution ? Vendre aux laissés-pour-compte sexuels les services de filles plus pauvres. En étant

10. Robert HANSON, « Two types of envy », Overcomingbias.com, 26 avril 2018, et « Comparing income & sex redistribution », Overcomingbias.com, 26 juin 2018, sa réponse aux critiques du premier texte.

payées pour accompagner le client aux fêtes étudiantes, elles boostent la valeur du produit/garçon sur le marché. Le remède aux inégalités du marché sexuel est l'instauration d'un autre marché inéquitable (le proxénétisme), tout comme chez Houellebecq la fellation tarifée est l'arme du déclassé sexuel. Plutôt que de faire la critique de la domination masculine, le film se contente de reconduire les mythes sexistes avec la même décontraction qu'un coach en séduction invité à un débat télé.

MARCHÉ MATRIMONIAL ET LIBÉRALISME ÉCONOMIQUE

> Ne quittez pas, bureau du bonheur.
> Nous recherchons votre petit cœur.
> Toutes les données dans l'ordinateur
> Sont programmées.
>
> DOROTHÉE, *Allô allô, Monsieur l'ordinateur* (1985).

Ce qui est étonnant, c'est le point auquel on a oublié que le marché devait en pareil cas rester une métaphore – je ne vais pas invoquer Nietzsche ici tout de suite pour rappeler que « les vérités sont des illusions dont on a oublié qu'elles le sont [11] »... Même les économistes les plus scrupuleux admettent un temps qu'il s'agit d'une métaphore... avant de céder ensuite à la puissance explicative de la rationalité mercantile.

Le grand vulgarisateur de la métaphore du marché matrimonial se nomme Gary Becker [12] : « *Ce n'est pas un marché*

11. Friedrich NIETZSCHE, *Vérité et mensonge au sens extra-moral*, Gallimard, Paris, 2009, p. 15 : « Des métaphores qui ont été usées et qui ont perdu leur force sensible, des pièces de monnaie qui ont perdu leur empreinte et qui entrent dès lors en considération, non plus comme pièces de monnaie, mais comme métal. »
12. En France, le terme est déjà utilisé par Bourdieu en 1972. Pierre BOURDIEU, « Les stratégies matrimoniales dans le système de reproduction », *Annales, Économies, Sociétés, Civilisations*, 27e année, n° 4-5, 1972, p. 1105-1127. Le terme « marché du mariage » (*marriage market*) apparaît également une fois dans le livre de Bertrand RUSSELL, *Marriage and Morals*, George Allen & Unwin, Londres, 1929. Et bien avant Bourdieu, on trouve chez Gabriel Tarde quelque chose d'approchant lorsque ce dernier met en relation l'accroissement des désirs avec les « ressources amoureuse » promises par la « vie civilisée ».

organisé comme le marché boursier ou le bazar du Moyen-Orient, reconnaît-il, *mais c'est un marché tout de même* [...]. Tout le monde ne peut pas se marier avec le même formidable homme ou la même merveilleuse femme, et ils doivent faire des choix [...] et c'est ce genre de choix que l'on fait sur un marché. » En une même phrase, Becker sait donc se montrer prudent... puis absolument arrogant (il vient de recevoir le prix Nobel d'économie) à l'image de la conclusion qu'il se prépare à formuler : « *Utiliser le marché est une métaphore, mais c'est une très bonne métaphore* pour ce qui se passe ici [13]. »

Importer de l'économique dans le non-économique (sous couvert de choix rationnel) est la signature des travaux de Gary Becker. Cette approche porte un nom qui fleure bon le tournant libéral des années 1980 et le triomphe de Tom Cruise dans *Risky Business* ou le suicide de Ian Curtis. Il s'agit d'« impérialisme économique » : envahir avec les armes de l'économie un domaine qui n'est pas à proprement parler économique.

Mais en quoi le marché serait-il une « très bonne » métaphore ? Selon Becker, en ce qu'elle permet de faire apparaître les choix rationnels dans les décisions des époux [14]. Pour mémoire, ce type de théorie économique explique les comportements humains selon : 1) des choix motivés par des préférences stables, 2) en vue d'une maximisation rationnelle de l'utilité, 3) lorsque l'échange porte sur des ressources limitées et/ou 4) lorsqu'il nécessite de parier sur des éventualités [15]. Becker montre sur cette base en quoi la monogamie est économiquement préférable à la polygamie (à noter que jamais

Gabriel TARDE, « L'amour morbide », *Archives de l'anthropologie criminelle et des sciences pénales*, vol. 5, n° 30, 1890, p. 585.

13. Cette intervention reprend les mêmes termes clés et exemples que le début du chapitre « Polygamy and monogamy on marriage markets », *in* Gary S. BECKER, A *Treatise on the Family*, Harvard University Press, Cambridge, 1981, p. 81.
14. Gary S. BECKER, A *Treatise on the Family*, *op. cit.*
15. Gary S. BECKER, « A theory of marriage », *in* Theodore W. SCHULTZ (dir.), *Economics of the Family. Marriage, Children, and Human Capital*, University of Chicago Press, Chicago, p. 300.

le « marché matrimonial » ne désigne pour lui la concurrence des individus entre eux pour se séduire). Il établit en gros qu'il est rationnel, d'un côté, que je me marie avec quelqu'un de niveau de vie égal et, de l'autre, que je divorce lorsque mon mari gagne moins d'argent. Le reste concerne l'éducation des enfants. Son analyse pourrait convenir à n'importe quelle chose douée de rationalité capable de s'associer avec une autre pour en produire une troisième.

Pourquoi a-t-on continué de parler à tort et à travers de « marché » après lui ? Pourquoi avoir sorti cette métaphore des années 1980 où elle aurait dû mourir et rester enterrée avec les coupes mulet et les cravates piano ? Avec une telle abstraction et un résultat si pauvre, il aurait dû nous en dégoûter. C'est en réalité la force d'une idéologie que l'on mesure ici. À partir du moment où tout peut être compris comme un marché, tout peut être traité comme tel. Les grandes périodes d'évidence idéologique sont celles où l'on parvient à produire une aimantation irrésistible entre description et prescription, analyse du réel et reproduction de celui-ci.

Voilà, à mon sens, pourquoi nous devrions être réticents à nous approprier cette rhétorique du marché. Contrairement à un marché, le choix de l'objet érotique ou amoureux n'est jamais unilatéral. L'autre n'est pas une tranche de jambon qu'on choisit chez le boucher. Il faut désirer, certes, mais aussi être désiré en retour. Adopter la logique des « prix fantômes » (*shadow prices*) pour estimer la valeur de l'autre risque de conduire à une séduction fantôme, aveugle à l'enjeu moral pourtant décisif qu'il y a à gagner le consentement de l'autre.

Cette image du marché matrimonial a joué un grand rôle pour alimenter le rêve de construire des modes de rencontres rationnels. Elle est née en même temps que le Minitel rose, à une époque où même Dorothée chante pour les enfants l'histoire d'un ordinateur capable de nous dire « où est passé [s]on cœur ». Le triomphe de cette vision du monde a supplanté d'autres façons de nous penser nous-mêmes, à commencer par le paradigme sociologique qui l'avait précédée. Là où la sociologie insistait sur le partage des préférences et le délicat jeu de la réciprocité dans la manifestation de l'intérêt, l'économie néolibérale assume la brutalité d'un choix présupposé rationnel. Là où il y avait du théâtre et du jeu, il n'est plus censé y avoir que de la marchandise.

AUX ORIGINES DU *DATING*

> You had a temper like my jealousy
> Too hot, too greedy.
> How could you leave me
> When I needed to possess you ?
>
> Kate BUSH, *Wuthering Heights* (1978).

Les grands débuts de la sociologie américaine sont contemporains de l'apparition du *dating* (rencontre libre à connotation aussi bien sexuelle que galante) sur les campus des années 1920-1930. Et c'est le sociologue Willard Waller qui va en formaliser les règles en observant ses propres étudiants de la PennState University. Trois étapes se suivent : le *calling*, le *dating*, enfin le *hooking up*. Chacune de ces phases accélère le script sexuel et le rend plus direct, ne se négociant plus à la fin qu'entre les partenaires sexuels.

Le monde d'avant les années 1920 suivait des rites très précis de séduction, où les mères encadraient l'invitation (*calling*) des garçons. La sociologue Kathleen Bogle en détaille le processus :

> L'objet de l'appel (*call*) était de passer du temps avec la femme en question aussi bien qu'avec sa famille, particulièrement avec sa mère. De nombreuses règles rigides devaient être suivies durant cette ère de l'invitation. Les jeunes femmes et leurs mères contrôlaient la pratique de l'invitation. En effet, elles et elles seules pouvaient inviter un jeune homme à leur rendre visite. Une telle visite consistait typiquement à passer du temps dans le petit salon de la jeune femme avec sa famille. La jeune femme pouvait jouer du piano pour diver-

> tir ses invités. On donnait un peu d'intimité au jeune homme et à la jeune femme pendant un court instant, particulièrement si la mère savait que sa fille « aimait » vraiment le jeune homme[16].

On est dans ce que Waller appelle le « monde de la cour » (*courtship*) où les jeunes hommes séduisent les jeunes filles et rencontrent les familles dans le seul but de se marier. Leur sérieux devait alors se manifester en étant mis à l'épreuve et en ne faiblissant jamais malgré les hésitations dont les jeunes filles avaient le droit de faire preuve. Dans le contexte de l'époque, le contrôle opéré par les femmes se justifiait notamment par le poids et le sacrifice que représentaient un mariage et le paiement d'une dot. C'est celui qui avait le plus à y gagner qui devait prouver son engagement – en l'occurrence, le jeune homme.

C'est ce monde qui s'effondre à partir des années 1920 – un monde de séduction en apparence contrôlé par les femmes, dans un cadre massivement sexiste. « Les jeunes femmes et leurs mères avaient le pouvoir d'inviter les hommes (c'est-à-dire de venir à leur domicile pour leur rendre visite). Si un homme était intéressé par une femme, il devait espérer cette invitation. Pourtant, quand le *dating* est devenu le script dominant, seuls les hommes ont pu initier une *date*[17]. » En apparence libre, le jeu du *dating* favorise davantage les hommes. Particulièrement après la Seconde Guerre mondiale, le niveau de vie augmentant, les jeunes hommes bénéficient d'un coup de pouce économique qui accroît leur domination dans le jeu amoureux. Ce nouveau script est néanmoins vécu comme une libération : les jeunes peuvent se donner des rendez-vous, qui ne sont pas encadrés par les familles, dans l'unique but de s'amuser, de chercher le frisson.

Le mot *dating* suggère à lui seul ce renversement. Ses origines remontent au XIXe siècle. Les classes populaires ne

16. Kathleen BOGLE, *Hooking Up. Sex, Dating, and Relationships on Campus*, New York University Press, New York, 2018, p. 12.
17. *Ibid.*, p. 173.

possédaient évidemment pas de petit salon pour y distraire leurs invités. Il fallait alors se donner rendez-vous à l'extérieur. De là, l'origine du terme *dating* qui, dans son sens le plus pratique, a fini par désigner le genre de faveur sexuelle qu'un homme pouvait obtenir d'une femme appartenant à une classe moins élevée que la sienne (puisqu'il pouvait prioritairement assurer les frais de ce rendez-vous).

L'expansion du *dating*, comme le suggère la sociologue Eva Illouz, correspond à une dérégulation fatale du marché matrimonial tout autant qu'à une extension du domaine de la prédation sexuelle masculine :

> On a détaché la sexualité des anciennes règles sociales, morales ou religieuses qui l'encadraient. En culture chrétienne, la sexualité avait un *telos*, une finalité sociale, le mariage, et une finalité biologique, la reproduction. Le mariage faisait tenir ensemble émotions, sexualité et reproduction. Cela n'empêchait pas les contremaîtres ou les maîtres de maison de harceler, voire de violer les travailleuses ou leurs domestiques. Mais la sexualité était étroitement régulée par la morale. Avec la dérégulation, la seule éthique qui subsiste est celle du consentement : vous pouvez faire tout ce que vous voulez, pour autant que la personne avec qui vous le faites est consentante [18].

Ce qui va émerger ensuite, plutôt qu'une dérégulation générale, c'est la constitution d'un groupe capable de dicter d'autres règles et codes que la mère. Ce groupe nouveau, ce sont les étudiants des deux sexes qui le constituent. Comme l'observe Waller, le rôle de gardienne de la reproduction bourgeoise qu'incarnait encore la mère est quant à lui dévalué au profit des mécanismes de réputation qui règnent sur le campus.

La question est de savoir si le *dating*, fruit libéral d'une société sexiste et inégalitaire, est condamné à répéter ce lien

18. Eva Illouz, « Les femmes ont été les grandes perdantes de la révolution sexuelle », entretien, *Philosophie Magazine*, n° 116, février 2018, p. 55-56.

de domination. Eva Illouz explique qu'on a libéré la sexualité « mais – et la précision est essentielle – sans toucher au pouvoir social et économique des hommes. [...] Libérer la sexualité sans toucher au pouvoir économique et politique des hommes revient à placer les femmes dans une position de vulnérabilité structurelle dans un marché sexuel et dérégulé ».

Pierre Bourdieu a lui aussi fait une analyse des marchés matrimoniaux – c'est sans doute le premier à avoir assumé la métaphore du marché à propos des mariages dans la campagne béarnaise (où les dots existaient encore). « En tant que marché tout à fait particulier, où ce sont les personnes, avec toutes leurs propriétés sociales, qui sont concrètement mises à prix, le marché matrimonial constitue pour les paysans une occasion particulièrement dramatique de découvrir la transformation de la table des valeurs et l'effondrement du prix social qui leur est attribué[19]. » Mais l'inégalité ici est moins économique que symbolique : « Comme l'atteste la présence, dans les petits bals de campagne, de jeunes citadins auxquels leur aisance et leur allure donnent un avantage inestimable sur les paysans, le marché matrimonial autrefois contrôlé et quasiment réservé est désormais ouvert à la concurrence la plus brutale et inégale. » L'avantage de ces rivaux « mieux nantis, au moins symboliquement », est dû à leur simple déplacement sur le territoire de populations plus jeunes, qui ont accès non seulement à des populations urbaines mais aussi rurales, tandis que « le paysan des hameaux est cantonné dans son aire[20] ». La domination économique apparaît ici secondaire par rapport à la domination symbolique. L'analyse de Bourdieu est en ce sens plus souple que celle, ultérieure, d'Eva Illouz.

19. Pierre BOURDIEU, « Reproduction interdite. La dimension symbolique de la domination économique », *Le Bal des célibataires. Crise de la société paysanne en Béarn*, Seuil, Paris, 2002, chapitre 3, p. 229.

20. Pierre BOURDIEU, *Le Bal des célibataires*, *op. cit.*, p. 233. Bourdieu, à la fin de cet article, glissait une remarque qui aurait pu servir de mise en garde : « Il est clair que le marché sexuel et le marché matrimonial ne coïncident pas, même s'ils ne sont pas indépendants. »

En réalité, le *dating* a produit un jeu culturel qui a brouillé les effets de domination économique et les a fait passer au second plan. Selon Willard Waller, un même principe gouverne les relations, aussi bien sexuelles que romantiques : le *principe du moindre intérêt*. Dans *The Family. A Dynamic Interpretation* [21], le sociologue propose une explication simple : la personne la moins intéressée dans la relation est en position dominante. Ce principe donne initialement la victoire aux hommes (contrairement à ce que présente le film *La Crème de la crème* avec ses puceaux héroïques). Les hommes n'ayant pas l'obligation d'exister socialement à travers un mariage, ils peuvent obtenir plus facilement un statut social et une base économique et ainsi profiter plus longtemps de la légèreté du jeu du *dating*. Ce n'est pas le poids économique pur et simple qui compte. Est décisive l'importance (asymétrique) du mariage pour exister socialement. C'est sur le fond de ce contrôle social puissant que la logique économique joue sa partition.

Le principe du moindre intérêt laisse une large place à des situations plus complexes que ne le prévoit le schéma économique élémentaire. Ces jeux sociaux mobilisent les apparences et la manipulation des codes culturels – tout dépend de qui aura symboliquement le moins d'intérêt dans la relation. La sexualité, comme le souligne Waller, n'en échappe pas pour autant aux rapports d'exploitation. Des éléments économiques objectifs permettent de savoir qui peut séduire qui. Les filles attendent notamment que les garçons aient accès à une voiture, qu'ils soient capables de dépenser de l'argent pour elles. Les femmes sont ainsi souvent accusées par leurs prétendants de jouer les *gold diggers* (chercheuses d'or) en se faisant inviter par des garçons. Mais ces éléments ne sont pas suffisants. Les filles attendent aussi des garçons qu'ils sachent danser ou qu'ils soient capables d'aligner des répliques de dragueurs moins

21. Willard Waller, *The Family. A Dynamic Interpretation*, The Cordon Company, New York, 1938.

ringardes que « tu me complètes » ou « tu m'as eue à "Salut" » (ma traduction de « You had me at "Hello" » de *Jerry Maguire*). Elles cherchent surtout une certaine « classe » d'hommes. L'établissement de ces règles nouvelles de séduction constitue aussi une arme symbolique pour justifier un désintérêt légitime à l'endroit d'hommes qui auraient le pouvoir économique.

Les conditions qu'il faut remplir pour être séduisant deviennent alors l'objet d'un arbitrage complexe. Ce qui « dérégule » les relations est moins un habitus économique généralisé qu'une incomplétude informative structurelle du soi-disant marché de la drague. Personne ne sait de façon objective qui est réellement intéressé par qui. Le jeu et la circulation de l'information ne sont pas aussi transparents qu'un marché ne le supposerait pour pouvoir établir une valeur d'échange. Les informations manqueront toujours pour pratiquer une séduction rationnelle.

Selon Waller, la méthode alors inventée par les étudiantes pour pallier cette incomplétude informationnelle est la suivante : noter (*rating*) les garçons les plus en vue sur le campus (*the BMOCs* : *Big Men On the Campus*). A pour cool, B pour ok, C pour passable, D pour à moitié crétin, E pour flippant. Mais cette norme peut être facilement déstabilisée par mille stratégies amoureuses ou discours sur l'authenticité des sentiments personnels. Waller explique également que les étudiants ont une certaine réticence à fréquenter les gens d'un niveau de notation inférieur à eux. Chacun se réfère à ces prétendues valeurs, mais cherche également à les contourner pour être surclassé. C'est le coup ultime du principe du moindre intérêt. Non seulement les valeurs, les notes ne sont ni claires ni publiques, mais une position de force peut être acquise, non en forçant la relation, mais en se montrant au contraire capable de s'en désintéresser.

Il s'agit moins d'un modèle économique que d'un principe de pouvoir. On peut aller jusqu'à dire que c'est un principe assez peu capitaliste, dans la mesure où c'est le désintérêt (ou sa faculté à le feindre) qui devient ici la mesure de la valeur. Loin du modèle du consommateur rationnel ou de l'entrepreneur calculateur, le gagnant est celui qui (en apparence au moins) attache le moins d'intérêt à sa propre satisfaction. Le détachement masculin ou la froideur calculatrice des *gold diggers* sont à présent devenus la norme émotionnelle des jeux sexuels et amoureux. C'est moins la preuve d'une domination capitaliste des échanges sexuels que celle du triomphe paradoxal du principe du moindre intérêt.

Dans la culture du plan cul (*hooking up*), on entame des relations sexuelles en tentant délibérément de refuser tout investissement émotionnel. Plutôt que de dire que l'on vit à une époque de débauche généralisée, on ferait aussi bien de dire que l'on vit une généralisation du paradoxe classique du dilemme du prisonnier. Pour se prémunir de revers amoureux, chacun parie sur la trahison de l'autre et contribue ainsi à produire collectivement le pire résultat possible : un monde où l'amour (créateur d'intérêt) est ce dont on doit se détacher. Cette logique n'est pas tant celle du marché que celle des négociations géopolitiques, celle de l'escalade nucléaire entre États-Unis et Russie pendant l'après-guerre ou je ne sais quel autre exemple classique de la théorie des jeux. Dans tous les cas, aussi rationnelles que semblent ces interactions, elles nécessitent une interprétation des comportements des autres participants, une pratique du contrôle des émotions, bref une « culture du *hooking up* », qui donne une forme à la sexualité à travers des scripts sexuels.

SORTIR DU CAPITALISME ÉMOTIONNEL

> Am I vital
> If my heart is idle ?
> Am I doomed ?
>
> Moses Sumney, *Doomed* (2017).

L'essor de l'économie capitaliste a correspondu à l'apparition des premiers grands textes de psychologie. Adam Smith est à la fois l'auteur de *La Richesse des nations* et d'une *Théorie des sen-*

timents moraux. Cette intuition que capitalisme et psychologie vont de pair est au fondement du travail de la sociologue Eva Illouz. Le marché amoureux représenterait l'ultime réplique du séisme culturel que la naissance de l'*Homo economicus* a provoqué. Enfin appliqué aux passions les plus profondes, il aurait transformé l'ancien érotisme de la même façon que les règles traditionnelles du commerce. Le marché amoureux signalerait donc la venue d'un « capitalisme émotionnel ».

En écrivant cela, j'ai l'impression d'annoncer l'apocalypse zombie. Mais soit. Supposons que les traditions amoureuses aient été bouleversées par ce « capitalisme émotionnel ». Supposons qu'il ait changé tout le monde en *sextoys* peine-à-jouir et qu'il ne nous reste qu'à frotter notre silicone contre le caoutchouc hypoallergénique des autres. Supposons donc que – si vous mettez assez de références philosophiques et hétéroclites bout à bout – le marché devienne cette sorte de superpuissance à l'origine de : la contractualisation des relations personnelles ; la dissolution des valeurs traditionnelles ; l'affaiblissement des différences de genre ; la montée en puissance de l'individualisme ; du féminisme ; du politiquement correct ; du malheur des hommes à ne pas savoir trancher dans la vastitude des choix qui leur sont offerts… Supposons que, au lieu d'être une intuition efficace qui s'est exportée ensuite à d'autres domaines d'activité avec les ratés et les aberrations qu'on lui connaît, on se mette à croire que le capitalisme est partout, y compris au fond du slip de tout un chacun.

Si on pense ça, alors les applications de rencontres sont le pur produit du capitalisme, le cœur de l'étoile noire du rationalisme économique. Si on croit dur comme fer à la métaphore du marché, le moment de la connexion au site de rencontres devient la révélation de notre statut de marchandise. Nous voilà entièrement soumis à l'« idéologie libérale du choix », les autres étant réduits à n'être plus que « nos concurrents »[22].

22. Eva ILLOUZ, *Les Sentiments du capitalisme*, Seuil, Paris, 2006, p. 146.

Dans son analyse, Eva Illouz pointe une domination masculine écrasante, dont le principe est semblable au principe du moindre intérêt de Waller. Les hommes cultivent un détachement sentimental qui leur permet de garder la main, ce détachement étant lui-même rendu possible par leur domination économique[23]. La masculinité se construit en combinant détachement et sexualité cumulative, tandis que la féminité porte la charge de l'intelligibilité des comportements masculins. Être une femme suppose de faire le travail perpétuel d'élucidation psychologique des hommes, alors que le donjuanisme masculin se passerait volontiers de toute justification : « Les garçons apprennent à se séparer, les filles à se lier[24]. »

Mais encore faut-il préciser que ces traits ont été construits dans l'horizon du mariage et de la procréation. Comme beaucoup l'ont depuis longtemps pressenti, c'est le mariage qui était à la racine du problème. Pas parce qu'il décevait, mais précisément parce qu'il suscitait un intérêt, au titre de promesse ou d'idéal, et pouvait de ce fait être utilisé tout autant comme un appât que comme un levier de domination. L'inégalité affective qui s'instaure entre les genres exprime le déséquilibre entre deux attitudes antagonistes : la sexualité sérielle-cumulative, dite « masculine », d'une part, et la sexualité exclusiviste, dite « féminine », d'autre part. C'est en jouant la sexualité cumulative contre la sexualité exclusiviste que les hommes gagnent la lutte des sexes. À telle enseigne que, lorsqu'une femme pratique une sexualité cumulative, on la présente alors comme étant « masculine ».

La sociologue Kathleen Bogle décrit la confusion des femmes, qui, ayant participé à la culture du *hooking up* sur le campus, se voient tout à coup méprisées au moment de rejouer au jeu du *dating* dans la phase suivante.

23. Eva Illouz, *Pourquoi l'amour fait mal*, Seuil, Paris, 2012, p. 165.
24. *Ibid.*, p. 141.

> Tant qu'on était à l'université, tout le temps pouvait être passé à « coucher à droite à gauche » [...]. Après l'université, à la fois les hommes et les femmes se rapprochent de l'âge où ils aimeraient se marier. En conséquence de quoi ils cherchent plutôt des relations qui peuvent déboucher sur un mariage. Et, d'après les anciens étudiants, choper (*hooking up*) n'est pas une bonne stratégie pour trouver l'amour de sa vie (*the one*).

Dès lors, les inégalités, auparavant écartées dans le monde du *hooking up*, font résurgence dans le monde du *dating*. Les jeunes qui s'engagent dans la vie professionnelle ont soudain moins de temps à consacrer aux fêtes et au sexe, et la recherche de l'« épouse parfaite » se nourrit d'une autre forme de sexisme assumé, les hommes préférant des femmes qui n'auraient pas eu beaucoup de partenaires.

Il me semble que tout serait au contraire plus équitable s'il y avait une véritable « dérégulation » de ces rapports, non pas au sens économique mais au sens éthique du terme, c'est-à-dire une dépotentialisation des différences de genre – impliquant d'en finir avec la dichotomie hommes/femmes entre sexualité cumulative et sexualité exclusiviste. La prégnance asymétrique de l'horizon matrimonial est l'un des éléments essentiels qui permettent aux hommes de dominer les femmes dans la dialectique du *dating* en profitant de leur propre détachement[25]. La métaphore du marché sexuel fait l'impasse sur cette dimension. Vilipender la pseudo-marchandisation du sexe permet alors, intentionnellement ou non, d'exonérer la norme matrimoniale de toute critique, ceci aux dépens d'une réelle réflexion sur la liberté que pourrait nous offrir un sexe sans attaches.

25. Comme le remarque par ailleurs Eva Illouz, l'intérêt pour le mariage finit par s'étioler, et pas nécessairement dans le sens qu'on croirait. Ainsi, les hommes s'imaginent plus difficilement vivre non mariés que les femmes (37 % de désirs de célibat contre 59 % pour les femmes). L'âge moyen du mariage ne cesse d'être repoussé notamment à cause des divorces et des remariages. En France, en 2018, il est de 38,4 ans pour les hommes et 36 ans pour les femmes (Insee.fr, « Âge moyen des mariés selon le sexe en 2018 »).

3. ESPACES VIRTUELS, ESPACES RÉELS

Let's pretend we don't exist
Let's pretend we're in Antarctica
Let's pretend we don't exist
Let's pretend we're in Antarctica (ah-ah-ahh).

OF MONTREAL, *Wraith Pinned in the Mist* (2005).

En 1932, à Philadelphie, le sociologue James Brossard constate que 30 % des couples mariés ont grandi à moins de cinq pâtés de maisons de distance. Quatre-vingts ans plus tard, quand le comédien et réalisateur Aziz Ansari s'entoure de sociologues pour refaire la même enquête, on lui répond que plus personne ne fait ce genre d'étude à l'échelle d'une ville. Les couples se rencontrent dans d'autres villes, à l'université, loin de chez soi, et il y a désormais très peu de chances que vous épousiez le fils ou la fille de votre voisin. En interrogeant des résidents d'une maison de retraite de New York, Ansari s'étonne : « "Vous ne vous êtes jamais dit : 'Oh ! peut-être que mes voisins ne sont pas les seules personnes sur terre ?' Pourquoi vous limitiez-vous autant ? Pourquoi ne pas avoir étendu vos horizons ?" Ce à quoi il m'a été stoïquement répondu que ça ne marchait pas comme ça[1]. » On se mariait d'abord et on partait ensuite.

Les générations des années 1930 n'avaient pas encore assez d'autonomie pour passer leur jeunesse à chercher la personne idéale. C'est ce qui explique cette extraordinaire endogamie. Amelia, l'une des retraitées interrogées, le raconte à Aziz

1. Aziz ANSARI, *Modern Romance*, *op. cit.*, p. 14.

Ansari : « Je pense que j'ai manqué une étape dans ma vie, celle où on sort avec des amis [...]. Je n'ai jamais été autorisée à faire ça. Mon père refusait catégoriquement. Il était très strict. Alors, j'ai dit à mes petites-filles : "Amusez-vous, amusez-vous. Après, vous pourrez vous marier." »

C'est cette étape entièrement nouvelle de la vie qu'Amelia n'a pas connue, un moment romantique pendant l'adolescence, une période de flirt que les baby-boomers ont découvert plus tard. Celle que Michel Fugain chante dans *Une belle histoire* en 1972 – l'histoire d'une amourette entre deux adolescents survenant en plein chassé-croisé des vacanciers, même si, concrètement, il n'y a aucune chance qu'ils traversent l'autoroute A7 pour se rencontrer et courir dans les champs. Aujourd'hui, il est probable que les petites-filles d'Amelia soient inscrites sur l'une des applications de rencontres existantes, leur donnant accès à un réservoir international de célibataires.

Cette tendance à la globalisation de la sexualité, le sociologue français du début du XXe siècle Gabriel Tarde l'avait entrevue depuis son télescope idéologique du XIXe siècle. Remarquant que l'on pouvait d'ores et déjà imaginer aimer des gens appartenant à des groupes sociaux jadis considérés comme devant être tenus en dehors du cercle endogamique, il soutenait que la sexualité ne serait pas épargnée par la marche triomphante du progrès : « Il y a [...] en toutes sociétés primitives ou avancées deux cercles concentriques, dont l'un circonscrit l'ensemble des personnes avec lesquelles le mariage est interdit, considéré comme incestueux, et dont l'autre limite le groupe des personnes parmi lesquelles il est permis de se marier. Or il est remarquable que tout progrès en civilisation a pour effet de rétrécir le plus étroit des deux cercles et d'élargir le plus large [2]. » De fait, aujourd'hui, même le prince Henry de

2. Gabriel TARDE, *La Morale sexuelle*, Payot, Paris, 2008, p. 38-39.

Galles (a.k.a. le « prince Harry ») peut se marier avec une jeune actrice métisse sans aucune goutte de sang royal dans les veines.

Tarde prophétisait un changement simple – on allait passer du moins large au plus large. Ce n'est pas exactement ce qui s'est produit. Avec ces applications, on a appris à habiter un nouvel espace, lui aussi limité, avec ses frontières et ses règles.

L'ILLUSION DU FLIRT SANS FRONTIÈRES

> Viens, je t'emmène
> Où les nuages tristes vont s'amuser
> J'ai tellement fermé les yeux
> J'ai tellement rêvé
> Que j'y suis arrivée
> Plus loin, plus loin
> Plus loin que la baie de Yen Thaî
> Plus loin, plus loin
> Plus loin que la mer de corail.
>
> France GALL, *Viens je t'emmène* (1978).

J'aime beaucoup l'image du téléporteur dans *Star Trek*. Sur une sorte de mini-théâtre, chacun se place sous son tube de lumière, se désagrège, particule par particule, et se retrouve réassemblé selon la même configuration, mais dans un autre lieu. La même chose arrive sur les réseaux. On passe d'abord par une phase de désagrégation, projeté dans un univers social où il n'y a pas de règles, pas d'amis. Lorsqu'on lance l'application sur notre portable, on est projeté au-delà de notre horizon sensible, on se retrouve à voir des photos de personnes qui peuvent habiter à plusieurs kilomètres, voire milliers de kilomètres de nous. Mais, très vite, on recompose la chaude familiarité de notre cercle social.

Partons du commencement. La recherche d'un amour au-delà de son cercle social est la condition naturelle des rencontres numériques, au point que, comme le rappelle la sociologue Marie Bergström[3], cela a été l'un des arguments

3. Marie BERGSTRÖM, « (Se) correspondre en ligne, l'homogamie à l'épreuve des sites de rencontres », *Sociétés contemporaines*, vol. 4, n° 104, 2016, p. 13-40.

de Meetic. Dans un spot de 2012 réalisé par Maïwenn, la voix off d'une Amélie Poulain moderne commente des petites séquences de sa vie ordinaire et pathétique au bureau :

« Normalement et selon les statistiques, je devrais rencontrer un garçon de mon âge ou à peu près. Et normalement et toujours selon les statistiques, il devrait faire à peu près les mêmes choses que moi dans la vie. Normalement, je devrais le rencontrer là où je travaille, ou mieux, à un dîner organisé par une copine. Donc en gros si on fait un film de ma vie, ben, personne n'ira le voir. Parce que, franchement, qui aurait envie d'aller voir des histoires d'amour qui se passent normalement ? » Soudain, gros plan sur le visage de notre Audrey Tautou sortie de son *open space*, encadrée par une énorme bibliothèque mais avec le bruit des oiseaux dehors. Regard caméra : « Pas moi. Parce que moi, je pense que l'amour, le vrai, il n'en a rien à faire des statistiques et qu'il se trouve pas forcément au bureau, dans mon immeuble ou au coin de la rue. Moi je pense que les belles rencontres, elles se font partout, mais surtout ailleurs. »

Le rêve vendu est celui-ci : rencontrer les autres. Les vrais autres, ceux qu'on ne voit pas, les exotiques, ceux qui rendent l'amour magique. La tension se révèle cependant spectaculaire entre le rêve d'ailleurs que l'on vante et l'homogamie qui règne en pratique.

À peine mise en contact avec tous ces profils, la classe moyenne supérieure sort son stylo rouge et souligne les fautes d'orthographe. Catherine Debusne, grande exploratrice des sites de rencontres, s'offusque ainsi, citant ce texte d'annonce : « *J'aimerai faire un relation d'amitiée avec vous. Je suis éduqué, calme et fidel. En plus je ne suis pas riche. La personne c'est cette volonté libre qui est dans et en deça de son œuvre cet amour qui est dans et en deça de son monde. J'attends ta réponse avec beaucoup de respect*[4]. »

4. Catherine Debusne, *Dr@gue-en-ligne, mode d'emploi*, Les 2 Encres, Montmoreau-Saint-Cybard, 2010, p. 199.

Elle relève : « (*sic.* Venant d'Afrique noire). » Son livre de témoignages et de coaching sur les rencontres en ligne est construit comme une mosaïque de caractères de La Bruyère, où la moitié lui paraît être totalement analphabète et idiote. L'hétérogamie sociale a un prix.

Alors, quand l'homogamie frappe à la porte, il est difficile de ne pas céder à l'appel. Dominique Baqué rencontre Nathan, ce beau consultant qui était dans l'équipe de campagne de Ségolène Royal en 2002, et c'est le coup de foudre. S'il gagne sa confiance, c'est parce qu'il est « différent ». Mais en quoi ? Elle écrit : « Entre Nathan et moi, il y eut d'abord cet effet de "reconnaissance" socioculturelle : nous appartenions à un même monde, celui qui refuse l'esthétique "bling-bling", les montres Rolex, le Fouquet's, les yachts Bolloré, le "travailler plus pour gagner plus". [...] Nous étions d'emblée "entre nous"[5]. » Elle constate dans la foulée que le Net se prête mal au « métissage social » : par exemple, elle ne supporte pas la vulgarité de Mario, l'entrepreneur autodidacte qui écrit « porte jaja » pour porte-jarretelles.

Les sites de rencontres ont une vertu : ils dénaturalisent nos habitudes au point de nous faire prendre brutalement conscience des efforts quotidiens et des calculs parfois mesquins que l'on opère pour rester dans un confort social, dans un entre-soi. Perdu au milieu d'un océan de profils, on nage alors le plus désespérément possible vers les rives de notre petite île familière. Énoncer ses propres critères incite à être attentif à ces mêmes critères chez les autres. Comme l'explique Marie Bergström, « cette affinité entre production et réception des fiches descriptives conduit les usagers à détourner l'attention des individus qui sont éloignés d'eux dans l'espace social. Autosélection davantage qu'exclusion, le choix des interlocuteurs sur les sites de rencontres n'est pourtant pas exempt de

5. *Ibid.*, p. 70-71.

critères sociaux discriminants, le plus saillant étant la maîtrise du français [6] ».

L'importance exagérée de l'orthographe est un effet de l'interface. Dans la fable de l'amour romantique, celui qui arrive au coin de la rue et par hasard, personne ne commence la conversation par une dictée suivie d'une correction de copie. Mais la compétence écrite ne fait pas tout. Ce qui est mesuré est plus général, dont le rythme des échanges ou l'approche de séduction. Au-delà de la comptabilité du capital culturel, c'est la capacité à endosser les mêmes codes qui est jugée. « Alors que pour les interviewés issus de milieux modestes, la séduction correspond à une explicitation de l'intérêt amoureux et sexuel, les enquêtés socialement favorisés témoignent, au contraire, d'un rituel de séduction valorisant l'ambiguïté des intentions. » Si vous accumulez trop de photos explicites, les dragueurs aisés (puisqu'ils n'aiment pas être renvoyés à la « drague ») se méfieront. Inversement, l'échange d'informations intimes, les relations plus directes sont davantage valorisés dans les classes populaires. Si l'homogamie est forte en général, elle est « plus marquée aux pôles de l'échelle sociale que dans les groupes sociaux intermédiaires où prévaut une certaine fluidité [7] ».

L'un des grands facteurs de liberté dans les rencontres en ligne tient cependant à ce qu'elles se font à l'abri des regards du monde social proche. Les interactions ne sont pas soumises au jugement de sa famille ou de ses pairs – un contrôle qui exerce au contraire une forte influence *in real life*, tout spécialement pour les jeunes gays et lesbiennes.

Des sites parfaitement fluides existent, sur le modèle de Chatroulette : n'importe qui, pour peu qu'il soit connecté, est mis aléatoirement en contact avec vous, peut vous parler,

6. Marie Bergström, « (Se) correspondre en ligne, l'homogamie à l'épreuve des sites de rencontres », art. cit., p. 24.
7. *Ibid.*, p. 27.

vous écrire et se montrer, où qu'il soit dans le monde. Essayez, ça n'a d'intérêt que quelques minutes. La plupart du temps, la rencontre vire à l'exhibitionnisme ou à l'incompréhension. La fluidité, la liquidité, ces notions popularisées en sociologie par Anthony Giddens ou Zygmut Bauman, sont des gimmicks théoriques extrêmes dont personne ne reviendrait vivant s'il y goûtait véritablement.

L'illusion première d'une projection au-delà de toute frontière sociale ou spatiale ne dure pas longtemps. Une rencontre ne peut pas se faire n'importe où. Elle est toujours liée à un certain type d'*espace* – ce que les applications reconstituent virtuellement en définissant un public, des règles et une proximité.

1. L'application de rencontres que vous téléchargez détermine le *type de public* auquel vous aurez affaire. Le périmètre des profils auquel vous avez accès peut être défini par le genre de personnes auxquelles vous vous identifiez ou que vous recherchez. Il est plus ou moins ouvert à une certaine diversité sexuelle, puisque même dans les sites les plus communautaires doivent coexister le genre défini et les admirateurs de ce genre. Pour ce qui est des sites hétérosexuels, le problème récurrent est le plus grand nombre d'hommes que de femmes. On sait par exemple depuis le scandale Ashley Madison, en 2015, que ce site de rencontres extraconjugales contenait en réalité très peu de profils féminins. Le ratio estimé était d'une femme pour cinq hommes. Et ceci sans compter les faux profils féminins animés par des « bots », c'est-à-dire des programmes chargés d'engager la conversation. L'examen des données révélait que les profils les moins approchés par ces bots étaient ceux des hommes mariés cherchant une relation gay. Ironiquement, donc, le public le mieux servi sur ce site d'adultère hétérosexuel était les homosexuels mariés [8].

8. Annalee Newitz, *Ashley Madison Code Shows More Women, and More Bots*, Gizmodo.com, 13 août 2015.

2. Si le site peut admettre une certaine diversité, il reste homogène par les *règles qui le gouvernent.* En l'occurrence, la règle d'or est celle de sa « propreté », c'est-à-dire la mise à distance ou le filtrage de contenus trop explicitement sexuels. Au départ, les sites de rencontres souffraient de l'aspect glauque des photos présentées. Pour les concepteurs, l'enjeu a très vite été de pouvoir proposer une interface « propre » de façon à faire venir les utilisateurs des deux sexes.

3. Le lieu est aussi déterminé par l'interface technologique, par la *symbolisation de l'espace réel entre les utilisateurs.* La proximité est d'abord virtuelle, puisque chacun peut se contacter sur l'interface, une proximité affinitaire qui peut rendre la distance géographique secondaire ou invisible – en ce cas, elle devient ultimement l'objet d'un jeu de négociation pour être divulguée. Mais la proximité virtuelle peut aussi être l'expression d'une proximité réelle. C'est le bouleversement récent qu'a introduit la géolocalisation des applications de drague. Si l'on veut saisir l'ampleur de cette mutation, il faut revenir un peu en arrière.

BRÈVE HISTOIRE DES SITES : LE PROPRE ET LE SALE

> Now I want to be your dog
> Now I want to be your dog
> Now I want to be your dog
> (C'mon) (I want to be your dog you know it).
>
> THE STOOGES, *I Wanna Be Your Dog* (1969).

Années 1980 : la France se lance sur les autoroutes de l'information, le frisson d'interactivité que propose le Minitel rose emporte tout. C'est un espace en friche, favorisant l'anonymat total, les bots de conversations, les faux profils. Comme dans presque toute l'histoire des techniques sexuelles, à commencer par le cornet de papyrus rempli d'abeilles bourdonnantes qui aurait servi de godemiché vibrant à Cléopâtre, le sexe s'immisce dans une technologie qui ne le prévoyait pas. Le Minitel rose détournait en effet un programme de boîte aux lettres virtuelle conçu pour des médecins de Grenoble. Se constitue ainsi un espace d'expression anomique, où les informations sur la localisation sont toujours problématiques.

En 1984, une avant-gardiste fait ce qu'elle peut pour introduire de la géolocalisation dans la drague de plage. Elle imagine le *flashing*. C'est un boîtier qui bippe de façon épouvantable chaque fois qu'on s'approche de quelqu'un qui a un autre boîtier, comme si on jetait le groupe Kraftwerk dans un mixeur géant. Carmela Brunet commente son invention dans un reportage du JT d'Antenne 2 : « Les fréquences sont des fréquences hommes-femmes, des fréquences homosexuelles, des fréquences lesbiennes, et des fréquences couples échangistes, nous avons pensé à tout le monde parce qu'il y a de la place et du goût pour tout le monde [9]. » Dépourvu de discrétion, le « bip bip de l'amour » finit sa vie médiatique sur une petite saynète où un jeune homme au corps huilé drague un papa célibataire qui s'est trompé de fréquence.

Années 1990 : Caramail, un portail Web francophone, inaugure les échanges par messagerie instantanée et surtout par salons thématiques. Les lieux de drague numériques se constituent. On prend l'habitude d'échanger les informations essentielles en les résumant en trois lettres : A.S.V. – âge, sexe et ville. Évidemment, les faux profils pullulent encore, d'autant que plusieurs comptes peuvent être créés par un même utilisateur.

Les années ont passé, mais les sites de messagerie instantanée sont restés. Ils sont une ruine technologique aussi drôle et émouvante que peuvent l'être les graffitis sexuels gravés en latin sur les murs de Pompéi. Les sous-topiques ultra-précis qu'on y trouve sont surréalistes (je traduis les abréviations) : minets gays pour hommes mûrs, sexe à la Réunion, hommes en porte-jarretelles, aire de repos, maître rebeu, esclave gay,

9. *Journal de 20 heures*, Antenne 2, 23 juillet 1984, www.ina.fr.

maman sans tabou, foyer Sonacotra, secrétaire pute – et même, plus récemment, Macron Démission et Gilets jaunes. Autrefois publiées à la fin des journaux, du *Chasseur français* à *Gai Pied* en passant par *Libération*, les petites annonces ont survécu sur ces sites.

Comme souvent, le progrès est affaire d'hybridation insolite. C'est de cette superposition de nouvelle technologie et de méthode de drague ringarde que naît en 1995 Match.com, le premier site de rencontres payant. Garry Kremen, son fondateur, avoue avoir voulu construire l'outil numérique nécessaire à sa vie amoureuse de « loser ». Il utilisait les numéros surtaxés du téléphone rose sans parvenir à aucun résultat correct. En se rendant compte que le plus important était de rendre le site attractif pour les femmes, il confie la stratégie marketing à une équipe entièrement féminine dirigée par Fran Maier. Une charte d'utilisation est publiée qui conseille notamment de donner rendez-vous dans un lieu public et de ne pas partager son adresse avec des inconnus. Le lieu réel de vie doit être sanctuarisé et l'information doit être négociée. Très vite, le site parvient à attirer des utilisateurs des deux sexes. La caractéristique d'un lieu virtuel salubre est, selon les termes de Fran Maier, d'être aussi propre et confortable qu'un restaurant.

Le concept marketing pour définir ce genre d'endroit porte le nom d'une nouvelle d'Ernest Hemingway. On parle d'« endroit propre et bien éclairé » (*A Clean, Well-Lighted Place*). Comme le note Emily Witt dans *Future Sex*, « cette expression revient souvent dans la bouche des commerciaux dès qu'ils évoquent un "environnement pensé pour les femmes" et leur sexualité. Sur le Net, nettoyer et éclairer un endroit signifie généralement éliminer tout contenu pornographique ou sexuel explicite. "Un endroit propre et bien éclairé", c'était aussi le slogan du premier sex-shop féministe Good Vibrations, situé à San Francisco. Dans cette boutique pionnière, godemichés et vibromasseurs sont débarrassés de leurs emballages outrageusement pornographiques et disposés le plus sobrement possible sur des socles, tels des objets d'art[10] ».

À l'inverse, les sites de rencontres gratuits étaient réputés « sales ». Ne croyez pas qu'ils ont disparu. Ils occupent les bas-fonds d'Internet et sont assez largement utilisés : Tchatche.com, Coco.fr... Ils prennent la forme d'une messagerie instantanée, indiquant à peine quelques caractéristiques : pseudo, âge, département ou ville. Ils attirent une population hétéroclite qui ne craint pas les contacts directs avec les paraphilies les plus étranges. Les jeunes surexcités, les maris frustrés, les gays planqués, mais plus simplement tous ceux qui n'ont pas peur des photos explicites, des injures, voire d'un certain niveau de violence tout court. C'est l'équivalent d'un coin de drague sauvage ou d'une backroom mal nettoyée. J'avoue avoir une certaine tendresse pour leur webdesign rugueux fini au Microsoft Paint : ils évitent de nous détourner de l'essentiel.

La propreté des sites payants est esthétique, en ce que les interfaces sont plus sophistiquées. Pour autant, Adopteunmec.com est-il réellement moins « sale » que Maqueue.com ? Moins explicite anatomiquement parlant, c'est certain, mais pour le reste ? La propreté supposée des sites payants est d'abord conceptuelle. Elle s'y définit par trois caractéristiques : la possibilité de filtrer ou d'exclure, la garantie de la véracité des informations échangées et l'accès le plus vaste possible aux autres utilisateurs. On chasse la poussière, on range les meubles et on fait un peu de place.

Les espaces les plus propres, les plus attractifs, sont aussi ceux qui comportent le moins d'ambiguïté sur qui on est. Les sites de rencontres dits « par affinités » proposent un filtrage par intérêt plutôt que de simples rencontres sexuelles anonymes. C'est une puissante façon de nettoyer l'espace virtuel. Vous ne tombez plus sur n'importe quel miséreux quémandant une

10. Emily WITT, *Future Sex*, Seuil, Paris, 2017, p. 37.

photo de nu et vous avez accès à davantage d'informations. Ces sites encouragent à jouer le jeu d'une drague substantielle. La plupart sont payants, aussi bien par nécessité économique que pour prouver qu'ils repoussent *de facto* les clochards numériques et protègent les données personnelles sensibles.

On vivait donc au début des années 2000 le sommet de la « rencontre par affinités ». On avait mis tellement longtemps à construire ces endroits propres et bien éclairés que, le ménage ayant été fait, on aurait pu en rester là. Bienvenue à Gattaca. Ce n'est pourtant pas ce qui s'est passé. À partir de 2009, les zombies sont revenus frapper à la porte. En surnombre, ils ont escaladé les murailles et redéfini les règles du lieu.

COMMENT LA GÉOLOCALISATION A TOUT CHANGÉ

> Come closer and see
> See into the trees
> Find the girl
> If you can.
>
> THE CURE, *A Forest* (1979).

C'était à l'été 2010. J'étais en vacances à Montpellier quand j'ai vu la première fois un ami s'en servir devant moi. On était pourtant au beau milieu du Café de la Mer, l'ancien café gay historique. On n'arrivait pas à draguer et on ne se rendait pas compte qu'on vivait le signe avant-coureur de la disparition de ces espaces de socialité au profit de la drague numérique. À la terrasse, mon ami sortait continuellement son iPhone, parfois en pleine conversation, pour regarder les photos de profils actifs dans un rayon de quelques kilomètres. Quand je lui en avais fait la remarque, il s'était excusé. S'excuser de sortir trop souvent son portable était un truc qu'on faisait encore. Il m'a montré les profils et une autre conversation s'est immédiatement engagée sur les possibilités de rencontres qu'offrait l'application. On venait de gagner le ticket doré pour entrer dans la chocolaterie. Nous n'imaginions pas que les hétéros, plus tard, allaient à leur tour se jeter corps et âme dans ce genre d'appli.

La géolocalisation a été rendue possible par Apple et ses iPhone deuxième génération à partir de 2008. Grâce au GPS, l'utilisateur peut partager sa localisation et connaître la position de ceux qui l'entourent. L'idée d'intégrer cette fonctionnalité à la drague en ligne est apparue en 2009 avec une application de rencontres gays créée par Joel Simkhai. Son innovation, Grindr, a révolutionné le monde de la drague gay et posé des standards appelés à se diffuser dans d'autres écosystèmes sexuels.

Dans la culture gay, on parle de « gaydar » (contraction de « gay » et de « radar ») pour désigner sa propre capacité intuitive à deviner qui est gay et qui ne l'est pas. Le rêve personnel de Simkhai – à en croire son storytelling – était de se doter d'un gaydar plus fiable, ultra-technologique, et d'étendre sa portée de façon inouïe : « L'initiative était purement égoïste : je voulais trouver une solution facile pour draguer. Cela faisait d'ailleurs longtemps que l'idée me trottait dans la tête. À New York, déjà, je me demandais toujours comment aborder mon voisin de palier, où retrouver le garçon que j'avais croisé dans un bar, la veille. D'où l'idée de la géolocalisation [11]. »

L'histoire ne précise pas la signification du nom Grindr, dérivé de *to grind*. S'agit-il de « moudre » dans le sens du moulin à café ? Les gens seraient alors ces petits grains de café sympas qu'on mélange ? Ou s'agit-il de « hacher » de la viande, ce qui ajouterait une connotation plus sexuelle et agressive ? À moins que « mouliner » désigne en fait le travail répétitif de celui qui ne cesse de chercher et balayer l'écran sur son appli. Ou encore le fait de danser en se frottant à l'autre, pénis contre fesses… La polysémie a encore de beaux jours devant elle.

L'application n'a pas vraiment d'algorithme (ou alors juste un algorithme ridiculement simple qui trie les profils en

11. « Rencontre avec Joel Simkhai, fondateur de Grindr », *Numéro*, 25 août 2016.

fonction de la proximité et de la disponibilité). L'algorithme, c'est vous. L'application a fini par reconnaître que le ciblage était impossible. C'est vous qui allez devoir faire le tri, et vous allez prendre plaisir à mouliner tout ce petit monde. D'où la pauvreté de l'interface, qui mise sur l'habitude acquise par les utilisateurs à gérer par eux-mêmes les données brutes qui lui sont fournies. Nous avons appris à nous rendre prévisibles et intégrables : « Nous sommes dans la machine. On ne peut pas faire comme si on était indépendants face à des méchants qui nous calculent[12]. »

Au départ, vous téléchargez une application gratuite. Le service est trop simple pour mériter d'être payé, en revanche, il est assez ludique pour qu'on se prenne à vouloir le perfectionner. Vous utilisez donc un modèle freemium (en libre accès pour l'utilisation la plus simple), qui vous pousse bientôt vers un abonnement premium, si vous voulez éviter les publicités, les lenteurs ou les limites du service gratuit. Plutôt que de payer primitivement pour un service, l'interface doit nous torturer assez, et assez progressivement pour que nous options pour le service payant. L'expérience de la géolocalisation est lentement rendue désagréable, mais elle reste assez drôle pour que la plupart d'entre nous restions en premium malgré tous ses inconvénients programmés. Tant qu'on nous laisse toucher le ballon, on est prêt à jouer dans la boue, sans chaussures et dans la plus mauvaise équipe. Les applications géolocalisées nous poussent à nous endurcir, à résister à la torture « UX » (de l'expérience utilisateur)[13]. Elles nous font découvrir une drague en live, plus risquée, plus acrobatique, mais aussi plus intense.

La géolocalisation incite à limiter la logique vertigineuse du calcul des compatibilités et force à être plus pragmatique. Les recherches étant restreintes à un certain lieu, la liste des profils consultables n'est pas infinie. L'espace opère une réduction drastique des choix, particulièrement si vous ne

12. Dominique Cardon, cité par Claire RICHARD, « Dans la boîte noire des algorithmes », *Revue du Crieur*, n° 11, 2018, p. 85.
13. Anthony MASURE, *Design et humanités numériques*, Éditions B42, Paris, 2017, p. 61.

vous trouvez pas au beau milieu d'un grand centre urbain. Contrairement à l'utilitariste qui commence par calculer, le pragmatiste commence par agir et tient compte des conditions de possibilité concrètes de sa propre action. On n'habite pas dans l'immensité d'une base de données universelle, mais dans les parages d'un certain nombre de personnes réelles.

L'espace social d'endogamie que reconstituait le site de rencontres consulté depuis l'ordinateur de sa chambre s'en trouve perturbé. Se produit un brassage des profils qui ne répond plus aux filtres habituels. On se croise, ce qui impose des interactions rapides, modifiant les rythmes et les codes de la drague informatisée. En même temps que la réalité du lieu est réapparue celle du temps. Si on est de passage, le temps imparti pour une rencontre pèse lourd dans le choix final. Ces applications ont favorisé un nouveau type d'opportunisme sexuel. Se trouve alors suspendu le calcul infini d'un utilitarisme romantique et perturbée la tranquille consultation de profils. La seule question devient : qui est disponible ? Qui est chaud *now* ?

Une telle technologie n'a pu émerger que parce qu'une solidarité communautaire préalable rendait possible la confiance entre les utilisateurs gays. Le respect de l'anonymat a longtemps été nécessaire dans le cadre des rencontres entre gays ou entre lesbiennes. La hantise de beaucoup reste d'être « outtés », c'est-à-dire reconnus comme gay en dehors du cercle affinitaire. D'une peur partagée a pu naître une confiance mutuelle qui a à son tour rendu possible le développement d'applications plus instantanéistes et hédonistes comme Grindr. C'est pour cette raison que l'exportation de ce modèle gay vers des contrées hétérosexuelles pouvait paraître inconcevable. C'était oublier que l'anonymat intéresse aussi les hétéros, que ce soit pour des relations adultères ou pour un plan d'un soir, toujours en toute discrétion.

En mai 2012, Tinder est créée. C'est la déclinaison hétérosexuelle de Grindr (entre-temps, une tentative bi-hétéro-gay,

Blendr, avait été lancée, mais sans succès). L'application a été conçue par deux étudiants de l'université de Californie du Sud, Sean Rad et Justin Mateen. Pour la lancer, ils ont payé des influenceurs et organisé une grande fête en septembre 2012. 90 % de leurs utilisateurs avaient alors entre 18 et 24 ans. Le lieu que cette application recrée n'est ni plus ni moins que le lieu communautaire où s'est inventé le plan cul hétérosexuel, c'est-à-dire le campus américain, mais cette fois-ci ouvert à tous.

Si la géolocalisation reste un paramètre fondamental, sur Tinder les profils ne sont pas organisés par ordre de proximité. Ils apparaissent dans le désordre au sein de l'aire géographique que vous avez sélectionnée. Draguer consiste toujours à découvrir quel groupe de célibataires stridule de désir autour de vous. Littéralement, *to tinder* signifie « mettre le feu aux poudres ». Mais la portée opportuniste de la géolocalisation est atténuée. Les informations mises en valeur sur Tinder concernent le métier, les artistes préférés, le lieu où l'on a fait ses études, les amis communs sur Facebook ou le nombre de photos consultables sur Instagram. Contrairement à Grindr, dont l'interface demeure minimale, votre profil Tinder est nourri des informations de votre compte Facebook, avec lequel il est couplé. Très vite, le jeu de séduction fait revenir les déterminismes sociaux classiques. Contrairement aux applications gays qui profitent de l'appui d'une communauté réelle de pairs, ici le contrôle social survient par l'intermédiaire des réseaux sociaux.

Tinder tempère d'autant plus le pragmatisme de la drague gay que l'anonymat y est tout de suite suspect, à moins d'être l'heureux détenteur de la très rare invitation sur Tinder Select, la déclinaison de Tinder pour les stars. Tinder n'est donc pas un simple décalque de Grindr, aussi géolocalisée que soit l'appli. Elle recrée au contraire un univers social semi-localisé, où les profils peuvent être liés entre eux, malgré le risque de croiser ses ex, les amis de ses ex, ou ceux de son ou de sa partenaire. Sachant que beaucoup d'utilisateurs sont déjà en couple, on peut imaginer qu'il existe une relative tolérance à rester inscrit entre deux relations, entre deux *dates*. Ce monde est celui des meilleurs drames des comédies romantiques, où tout le monde se connaît plus ou moins, où l'on regarde faire les autres pour décider de ce qu'on aimerait faire soi-même. Tinder ravive aussi bien le feu du désir que les disputes entre voisins.

L'autre spécificité de Tinder est le système de double validation – le « match », c'est-à-dire la confirmation d'une attirance ou d'un intérêt réciproque. Vous ne pouvez recevoir de messages que de celui ou celle qui vous a envoyé un « like » et que vous avez « liké ». Ainsi sont bannis les harceleurs en puissance ou les *dick pics* (photos de bite). Cette double validation est l'argument commercial qui permet de faire venir un large public féminin.

En contrepartie, on se trouve engagé dans une activité d'évaluation permanente. Tous les profils doivent être passés au tamis du « j'aime/j'aime pas ». On se trie les uns les autres à coups de « like » et de « dislike » envoyés en quelques fractions de seconde. Quand on sait que, pour des raisons cognitives, c'est le genre de décisions qui sont le plus empreintes de préjugés, on peut commencer à frémir. À l'inverse, Grindr donne la possibilité d'être indifférent. L'impolitesse et les *dick pics* sont légion, mais la liberté de l'utilisateur est en un sens plus grande parce qu'on ne le force pas à s'engager dans un « j'aime » ou « j'aime pas » systématique.

Dans la comparaison des interfaces tinderiennes et grinderiennes, je ne peux que pencher du côté de Grindr. L'effet le plus appréciable est de pouvoir contempler les profils, de regarder par pure curiosité. Un mec a osé une photo de lui en chemise à fleurs avec un pantalon vert. Un autre poste une photo de clown triste et se choisit comme pseudo « Rigolo ». Un couple qui propose un trio décide de nommer leur compte 2be3 comme le *boys band* ringard des années 1990. Tel autre poste mystérieusement une photo d'Alain Soral si bien qu'on se demande quel premier, deuxième ou troisième degré peut justifier ça. Un dernier a pris une photo de lui en vacances dans un coin de France qui a l'air sympa (de mémoire, pour avoir demandé, c'était dans le Luberon). Au contraire, Tinder m'a quasiment dégoûté des CSP +, des architectes-DJ parisiens, des jeunes mecs qui tirent une gloire d'avoir une centaine de selfies si quasi identiques que même Warhol aurait trouvé ça absurdement répétitif. L'effet de Tinder sur le public gay est très étrange : les profils bizarres disparaissent au profit d'une sorte de Monoprix guindé de centre-ville. Dans tous les cas, on incite à la consommation. Mais Tinder vous promet que baiser avec des inconnus ne vous fera pas perdre en prestige.

Le choix est large, presque trop. On atteint vite le moment où l'on ne consulte plus l'application que machinalement. Un petit accessoire mécanique, le Tinder-finga, le « doigt à Tinder », a même été inventé pour balayer l'écran de son portable et valider automatiquement tous les profils. Le premier modèle du Tinder-finga utilisait une saucisse en guise de doigt artificiel. On sélectionne, on swipe on poke, on woofe, on tap… bref, on crée des anglicismes et on croise les doigts. Mais on n'y échappera pas : il faudra bien finir par se connaître soi-même. Une saucisse calée sur notre écran de portable ne pourra pas nous débarrasser de ce fardeau.

4. VOLONTÉ DE VÉRITÉ

> « Zuckerberg : Ouais, si tu cherches des infos sur des gens de Harvard, tu me demandes. J'ai plus de 4 000 emails, photos, adresses, réseautage social.
> X : Quoi ? Comment t'as fait ?
> Zuckerberg : Ce sont les gens qui m'envoient. Ils me "font confiance". Putains d'idiots. »
>
> Conversation en ligne de Mark ZUCKERBERG à l'université, dévoilé par *Businessinsider* (2010).

Les conditions générales d'utilisation de Meetic sont claires : « Le membre a pour obligations fondamentales [...] de ne poster, n'indiquer ou ne diffuser sous quelque forme que ce soit que des informations ou contenus conformes à la réalité. » Le slogan Tinder met en avant une philosophie similaire : « Ne sois pas bidon, sois réel[1]. »

Au diapason de la tendance psycho-pop qui nous enjoint à longueur de manuels de développement personnel d'être nous-même, l'authenticité est donc posée comme un impératif de la drague en ligne. Mais qu'y a-t-il là derrière ? Avant tout, les réquisits techniques des bases de données. Être réel, c'est se couler dans un dispositif qui a besoin d'une version véridique de nous-même. Il nous faut être un signal stable, pas un bruit qui viendrait parasiter le fonctionnement de la machine. Avoir des photos identifiables, selon des poses neutres, sous des éclairages honnêtes. Car si les informations ne sont pas robustes, alors les compatibilités calculées, la sélection par filtre, les rencontres prévues, tout ça s'effondre.

1. *Dont be fake, be real instead.*

La volonté de vérité nourrit l'économie de l'interface. Hornet peut siphonner les informations de votre compte Google. Grindr a revendu les informations concernant le statut sérologique de ses utilisateurs (Hornet, Scruff et d'autres enregistrent aussi ces informations). Et si vous demandez à Tinder un relevé de vos données personnelles, comme l'a fait la journaliste Judith Duportail, vous recevrez peut-être comme elle environ huit cents pages d'informations personnelles collectées en trois ans.

Peut-être vivons-nous un changement culturel radical dans la façon dont nous percevons notre intimité. On dira sans doute que les moyens technologiques à notre disposition façonnent notre psychologie. Quoi qu'il en soit, ce nouveau monde numérique devient une mine d'or pour ces nouvelles interfaces qui convertissent notre vie sexuelle en données observables et computables. Christian Rudder, mathématicien nourri aux *big data* et créateur du site de rencontres OKCupid, s'est fait une fierté de pouvoir enquêter objectivement à partir de ces informations numérisées. Génie diabolique issu du monde Dalek ou sociologue ultime de l'âge numérique, sa formule a en tout cas de quoi laisser songeur : « Nous expérimentons sur les êtres humains [2]. »

Jusqu'à très récemment, on ne pouvait pas utiliser Tinder sans compte Facebook (maintenant, Tinder exige votre numéro de téléphone). Mais, à l'origine, Facebook devait lui-même être un site de drague. En 2004, l'étudiant Mark Zuckerberg participait avec d'autres à un projet de site de rencontres appelé HarvardConnection.com. À la dernière minute, considérant que cette option n'était pas viable économiquement, il fit faux bond à ses associés et lança son site à lui, Thefacebook.com, qui deviendra plus tard Facebook.com. Comme il l'expliquait alors à un ami : « Je ne crois pas que les gens s'inscriraient sur

2. Entrée du blog de Christian RUDDER, 28 juillet 2014, http://blog.okcupid.com/index.php/we-experiment-on-human-beings/.

le truc Facebook s'ils savaient que c'était juste pour faire des rencontres. Je ne pense pas que les gens aient envie de s'inscrire sur un site de rencontres[3]. » La suite de l'histoire est connue. Zuckerberg lance son site tout en étant accusé d'avoir volé leur idée aux jumeaux Winklevoss – qu'on dirait tout droit sortis de V, cette série où des reptiles extraterrestres mangeaient des souris et se déguisaient en humains. C'est un succès. Et, près de quinze ans plus tard, l'annonce est officielle : Facebook va enfin lancer sa propre application de drague, capitalisant encore davantage sur nos données.

Ces noces de la liberté sexuelle et de la firme capitaliste semblent engendrer le monstre que Michel Foucault a toujours rêvé de voir apparaître pour confirmer sa théorie, la preuve ultime d'un pouvoir enserrant la vérité sexuelle des individus dans ses filets. Vous avez eu le malheur de « croire qu'en disant oui au sexe, on dit non au pouvoir », et vous voilà pris au piège d'un « dispositif de sexualité » qui vous intime de dire ce que vous êtes et d'intérioriser ce pouvoir en retour, de le rendre intime. Je doute pourtant que la situation se résume à cela. Vous devez dire qui vous êtes, mais vous avez aussi – on y reviendra – le pouvoir de dire que vous n'êtes pas celui qu'on attend que vous soyez.

PROFILS ET AVATARS : CONNAIS-TOI TOI-MÊME

> Mars,
> homme de 26 ans, Paris.
> À 8 km.
> Recommander à un(e) ami(e).
>
> Profil d'Alexandre BENALLA sur Tinder (2018).

Remplir son profil en ligne consiste d'abord à passer par le moment si redouté des étiquetages, des petites cases à cocher

3. Conversation en ligne de Mark Zuckerberg à l'université, citée par Nicholas CARLSON, « "Embarrassing and damaging" Zuckerberg IMs confirmed by Zuckerberg, *The New Yorker* », *Businessinsider*, 13 septembre 2010.

et des catégories à remplir pour dire qui nous sommes. Sur la barre des menus de smartphones, les nouveaux visionnaires de la Silicon Valley devraient faire graver à notre intention la formule jadis inscrite au fronton du temple de Delphes : « Connais-toi toi-même. »

On pense d'ordinaire facile de savoir qui on « est » sexuellement en se raccrochant à l'évidence de grandes catégories (homosexuel, hétérosexuel, bisexuel, etc.). Une remarque du philosophe Bertrand Russell devrait pourtant nous engager à une plus grande circonspection en la matière : « Pour ce qui est de nos propres désirs, la plupart des gens croient que nous pouvons les connaître par une intuition immédiate [...]. Si, cependant, il en était ainsi, comment expliquerait-on qu'il y ait tant de gens qui ne savent pas ce qu'ils désirent ou qui se trompent sur la nature de leurs désirs[4] ? » Pour connaître la réalité de nos désirs, l'intuition ne suffit pas, il faut se livrer à un fin travail d'observation de nos propres pratiques.

Quoi qu'il en soit, lorsque notre sexualité prend le détour du monde virtuel, on ne peut plus se contenter de catégories aussi larges. À en croire la sexologue médiatique Thérèse Hargot, l'industrie pornographique nous imposerait une nouvelle tyrannie de la norme. Quiconque ouvre la page d'accueil d'un site de vidéos porno est au contraire frappé d'y trouver, en lieu et place de la « norme », une immense nomenclature de choix qui diffractent presque à l'infini les possibilités d'identification. Alors que certains déplorent une banalisation de la sexualité, c'est plutôt une balkanisation de celle-ci que l'on observe. Les préférences sont démultipliées par leur virtualisation et offrent un paysage complexe de continents, sous-continents et micro-pays qu'aucune norme ne vient unifier.

De même, pour cibler précisément les profils des individus, les applis de rencontres ouvrent des sous-catégories sans cesse

4. Bertrand RUSSELL, *Analyse de l'esprit*, Payot, Paris, 1926, p. 30.

plus nombreuses. Tinder offre ainsi cinquante-deux nuances d'identification de genre. Outre « homme » ou « femme », vous pouvez vous déclarer « a-genre », « de genre variable », « en questionnement sur votre genre », « intersexe », « non binaire », « de genre fluide », « Two-spirit », « Mahu », « Rae Rae », « Hijra » et j'en passe... D'autres applications, comme Scruff, s'enquièrent de vos préférences en matière d'acte sexuel, vous donnant ainsi l'occasion de dévoiler au monde entier vos positions favorites.

Une fois le profil rempli, il faut choisir une photo de soi. Il y a le selfie en plongée, le selfie en contre-plongée, le selfie pieds à la plage, le selfie avec duckface (lèvres en avant, comme un bec de canard), le duckface version salle de bains ou chambre à coucher... Autre option, la photo banale mais réussie, qui indique une certaine désinvolture quant au jeu de drague lui-même. Envisageable également, la photo délibérément ratée, lo-fi, punk totale – la photo qui vous fait un doigt rien qu'en la regardant.

Selon Christian Rudder, les photos de profils féminins qui suscitent le plus de réponses sont celles prises chez soi, en vue plongeante, avec décolleté. Pour les hommes – les clichés sont d'une atterrante prévisibilité –, il suffit de faire une activité sportive, sans même avoir un visage très discernable, avec en bonus un petit animal dans les bras. La photo ultime, ironise Aziz Ansari, serait celle-ci : descendre en rappel en spéléo avec un chiot – et si on était complet, il faudrait même ajouter un pouce levé, un V de la victoire ou un shaka (mais ça suppose de lâcher la corde, ou le chiot).

Avec le choix de la photo de profil, on retrouve les mêmes dilemmes que pour l'avatar d'un jeu vidéo. Celui-ci peut être générique (Mario, par exemple) ou personnalisé pour être plus ressemblant. En ce cas, il annonce une volonté de jouer la transparence, il vous expose. Mais il est aussi possible de le personnaliser de façon particulièrement dissemblante, voire dissonante (choisir par exemple dans *Fortnite* un avatar en tenue de lapin Playboy qui tient une grosse sucette en guise de pioche). L'un des problèmes est qu'un avatar peut inciter le joueur à adopter un comportement attendu, associé à cette image – si vous jouez Dark Vador, vous n'allez pas avoir tendance à caresser les adversaires avec votre sabre laser et vos gants en cuir. C'est ce que l'on appelle le *Proteus effect* – cette tendance qui pousse votre « comportement individuel à se conformer à la représentation digitale de soi, indépendamment de la façon dont les autres le perçoivent[5] ».

Dans tous les cas, l'utilisateur va devoir interagir à partir du profil qu'il renseigne et de l'image qu'il choisit de donner à voir. Ces informations, même si elles sont approximatives, deviendront le point d'accès principal à toute vérité à venir. Une fois annoncée, la préférence se transforme en attente, et l'attente produit des régularités... On pourra les contredire ou les confirmer.

En 2013, une affaire a fait rire l'Amérique. Le joueur de football américain Manti Te'o a grandi à Hawaï, sur l'île d'Oahu, et il est mormon. Un jour, à la fin d'un match qu'il vient de gagner, il dédie sa victoire à sa grand-mère récemment disparue et à sa petite amie Lennay qui, annonce-t-il en pleurant à chaudes larmes, vient elle aussi de mourir, atteinte d'une leucémie. Il lui dédie son match au lieu de se rendre à ses funérailles. Quelques jours plus tard, il lui rend un nouvel hommage, en ajoutant que tout ce qu'elle voulait était un « bouquet de roses blanches ». Et il continue : « Alors je lui ai envoyé des roses et deux interceptions avec ça. »

Quelques mois auparavant, il avait été contacté sur Facebook par une certaine Lennay Kekua, qui disait connaître

5. Nick Yee et Jeremy Bailenson, « The Proteus effect : the effect of transformed self-representation on behavior », *Human Communication Research*, vol. 33, n° 3, 2007.

son cousin. Au fil des échanges, ils avaient noué une romance à distance, sans jamais se rencontrer. On apprenait peu de temps après qu'il s'agissait d'un canular, probablement lancé par un admirateur secret du joueur star, utilisant Facebook comme moyen d'approche. L'éducation samoane et mormone de Manti Te'o expliquait peut-être sa naïveté numérique, mais c'est la réaction des commentateurs qui a été la plus intéressante. Car tout le monde a eu du mal à croire à sa parfaite innocence. Toute histoire d'amour à distance ou correspondance amoureuse avec une personne inconnue est désormais suspecte.

Le film documentaire *Catfish*, sorti en 2010, suit l'aventure du frère du réalisateur, Yaniv « Nev » Schulman. Nev est un jeune photographe. Après qu'un de ses clichés a été publié dans le *New York Sun*, il reçoit par mail une reproduction de sa photo, une toile peinte par une dénommée Abby Pierce. Abby se présente comme une jeune prodige de la peinture qui lui parle de la mort de son petit serpent préféré et de la façon dont elle a adopté à la place la petite souris destinée à servir de repas à son défunt reptile. S'ensuit un échange de photos envoyées à Abby, puis de reproductions peintes par Abby envoyées à Nev. Angela, la mère d'Abby, lui envoie les colis depuis le Michigan. C'était l'époque d'Internet où les rencontres incongrues avec des inconnus nous mettaient tous des bouquets d'étoiles plein les yeux.

Mais c'est surtout Megan, la grande sœur d'Abby, qui retient l'attention de Nev. Elle lui dédie des chansons et parle régulièrement avec lui sur Messenger. Évidemment, très rapidement on se rend compte que Megan n'est pas Megan, qu'Abby est à peine Abby, et que c'est le personnage le moins soupçonnable de la famille, la gentille maman Angela, qui a inventé tous ces comptes Facebook et attribué à sa fille les tableaux qu'elle réalisait elle-même.

C'est finalement Vince, le mari d'Angela, un grand mec blanc, la casquette vissée sur le crâne, qui délivre en quelques mots la morale de l'histoire :

> Avant on mettait le cabillaud dans des réservoirs tout le long du voyage de l'Alaska vers la Chine. On les gardait vivants dans des cuves sur le bateau. Le temps d'arriver en Chine, la chair du cabillaud était molle et sans goût. Alors un mec a eu l'idée de mettre ces cabillauds dans ces grandes cuves, et de mettre un poisson-chat avec eux pour que les cabillauds restent agiles. Et dans la vie, il y a ces gens qui sont comme ces poissons-chats. Ils nous aident à rester debout. Ils nous aident à juger, à penser, ils nous maintiennent frais. Et je remercie Dieu pour le poisson-chat parce que tout serait vain, ennuyeux et sans intérêt si on n'avait pas quelqu'un pour nous mordiller la nageoire.

Le poisson-chat ici est donc Angela, la mère aux quinze profils Facebook, qui doit s'occuper de deux enfants multiplement handicapés, d'une petite fille qui ne sort pas de sa période princesse et d'un mari déjà brisé par le travail. C'est elle qui s'octroyait le droit de rêver en se faisant passer pour d'autres.

En anglais, *catfish* est même devenue une expression courante, qui suggère qu'être trompé ne nous tue pas, mais nous réveille et nous maintient en vie. Je n'ai pas beaucoup d'expérience personnelle avec cet animal, mais se faire mordiller la nageoire par un poisson-chat a l'air d'être un inconvénient tolérable.

Le film a été prolongé par une émission de téléréalité du même nom, qui expose au grand jour des histoires de création de fausses identités mais surtout les raisons qui y ont conduit. Car le mensonge en ligne ne sert pas tellement à séduire pour coucher. Il est plutôt le passe-temps qu'offrent les réseaux sociaux aux plus malheureux. Certains veulent croire à la puissance d'une relation fantasmée, et d'autres sont assez seuls pour jouer à entretenir leur rêve.

STRATÉGIES DE SÉDUCTION ET ÉPREUVES DE VÉRITÉ

> Dis-moi ce que tu penses de ma vie
> De mon adolescence
> Dis-moi ce que tu penses
> J'aime aussi
> L'amour et la violence.
>
> Sébastien TELLIER, *L'Amour et la violence* (2008).

Selon Pascal Lardellier, « Internet est le royaume des petits mensonges. Descriptions, âge, mensurations fausses, photos truquées ou d'une autre époque, tous les moyens sont bons [6] ». Ce constat peut à la rigueur s'appliquer aux premières étapes de la drague en ligne, mais, en pratique, les petits mensonges du dragueur numérique ne peuvent pas aller très loin.

Les longues correspondances épistolaires qui servaient à faire mûrir les sentiments sont désormais vues d'un mauvais œil. Elles maintiennent dans un état de crédulité trop risqué. Avec l'apparition du portable, la longueur des messages a baissé de deux tiers. Dès le deuxième ou troisième message, on s'envoie des photos et des informations mises à jour. On se demande plusieurs photos récentes et on se reprend mutuellement si elles ne concordent pas. Mieux : on vous propose une rencontre par webcam interposée afin de voir à quoi vous ressemblez sans filtre Instagram.

Les films, les livres, les réflexions qui insistent sur le pouvoir que l'on aurait tous de se réinventer sur les réseaux ratent le véritable enjeu des sites de rencontres. Le problème est d'en sortir. À un moment, il faut se coordonner, coopérer et finir par se rencontrer vraiment. Pour ma part, je crois à la vérité des applis de drague. J'y ai rencontré des amis, des amours et des ex. Mais il ne s'agit pas d'une vérité définie comme adéquation entre la chose et l'esprit. La vérité que l'on présente est celle de son identité. Et cette identité, on la manie comme un bouclier.

6. Pascal LARDELLIER, *Le Cœur net*, Belin, Paris, 2004, p. 144.

Au milieu des années 1980, quelqu'un a eu l'idée de lancer aux États-Unis un *business* de rencontre par petites annonces sur cassettes vidéo. Dans ces clips de *video dating*, on pouvait rester très littéral, être roux, en léger surpoids avec des lunettes d'ingénieur en informatique des années 1980 et dire : « Salut, je m'appelle Mike, et si tu regardes cette vidéo en fumant une cigarette, je t'invite à faire "avance rapide", parce que je suis non-fumeur et que je n'aime pas les gens qui fument[7]. » Mike de la période du *video dating* n'envisage pas de discussion, il veut parvenir à ses fins en un coup. Ces hommes, baignés de la lumière vaporeuse d'un studio d'enregistrement *cheap*, font des blagues, se servent d'une rose comme d'un téléphone pour dire « hey » ou se déguisent en Viking en déclarant : « Je crois que j'ai l'air d'un prof de maths. » Ils sont condamnés à adopter un ton assertif et la fausse confiance en soi que produit l'absence d'interactions. On les a cloués sur une scène de théâtre, mauvais comédiens devant un public indifférent. Mais, aujourd'hui, à l'heure de l'interactivité, une autre sorte de dramaturgie se met en place. Dans l'échange, vous commencez à devenir stratège.

Le défi spécifique de la drague porte sur la possibilité d'abolir ou non cet écart entre le dire et le faire, d'accéder ou non à la vérité du désir de l'autre. La question centrale de la drague d'antan, qui a voyagé du Brésil[8] vers la France, est : « Tu veux ou tu veux pas[9] ? » Mais poser la question comme ça n'a presque aucune chance d'aboutir. Pour arriver à ses fins, il est nécessaire de tourner un tant soit peu autour du pot, de se montrer psychologue. Mais il ne s'agit pas d'une psychologie des profondeurs où chacun se fait un expert psychiatre de l'autre, seulement de la psychologie minimale de la théorie des jeux. Chaque geste ou dévoilement implique sa réciproque

7. « Video Dating part 2 », Found Footage Fest, https://www.youtube.com/watch?v=fIO8X69OW8o.
8. *Nem Vem Que não Tem*, Wilson Simonal de Castro.
9. Chantée par Brigitte Bardot ou Marcel Zanini.

de la part de l'interlocuteur. On avance en coopérant, tour par tour, message par message. On veut savoir qui montre quelle envie, dévoile quelle photo, affiche quelle intention.

S'il y a une recherche de vérité nouvelle dans cette situation de rencontre à distance, c'est parce que la personne à qui on parle ne se montre pas immédiatement. Les informations servent à esquisser, touche par touche, un portrait. Contrairement à la situation de rencontre « réelle », une information ne produit pas par elle-même un coup de foudre, comme peut le faire un regard ou une voix. Elle doit s'agréger à un tas d'informations. Nous nous transformons alors en inspecteur de la vie banale de l'autre. On veut connaître les détails, savoir, quand une fille est entourée de garçons sur une photo, si ce sont ses frères ou ses admirateurs secrets... On cherche à enquêter, à comprendre qui est l'autre par l'intermédiaire des micro-indices qu'il a semés.

L'actrice et scénariste Hana Michels raconte qu'une de ses photos de profil lui a valu une avalanche de réactions. Elle avait pris une photo d'elle dans sa salle de bains, mais le rouleau de papier toilette à l'arrière-plan semblait avoir été placé du mauvais côté. La présentation de soi réussie engendre ce que Roland Barthes appelle un « effet de réel » : c'est par l'accumulation de détails insignifiants qui semblent inutiles, comme dans *Un cœur simple* de Flaubert, que l'on parvient à donner au personnage une épaisseur de réalité. Effet de réel pour cette utilisatrice de Tinder : elle a reçu pendant un an au moins vingt-trois commentaires sur la meilleure position du PQ dans ses toilettes.

Le dialogue entre les utilisateurs constitue une épreuve de vérité, un test où se matérialise la vérité de nos intentions. Nos intentions ne sont pas claires par avance puis dévoilées ensuite. C'est l'application de drague qui sert de catalyseur, qui les fait advenir et précipite leur signification. Conscients de la fragilité de nos échanges, nous nous envoyons des ultimatums, des sollicitations, nous renouvelons l'occasion de nous prouver à nous-même ce que nous souhaitons. Les gestes sont souvent maladroits, incertains et n'importe quelle discussion peut être interrompue à tout moment. Mais, pris au milieu de ce chaos ou étouffés par la banalité des échanges, certains signes complices deviennent des messages lumineux, des panneaux fléchés pleins d'espoir.

La meilleure analogie qui me vienne à l'esprit pour ce type d'événement est de nouveau celle d'une partie de jeu vidéo en multijoueur. Pour gagner, il faut parvenir à coordonner une action avec parfois plus d'une vingtaine d'inconnus. À la fin de cette épreuve, il y a un succès ou un échec. On saura alors si on a réussi quelque chose ensemble ou pas. Contrairement à notre vie professionnelle, ceux avec qui nous faisons équipe nous sont réellement inconnus. Pire, ils ont tous choisi d'être méconnaissables : des avatars, des « skins » parfaitement grotesques ou indiscernables les enveloppent et les effacent. Ils jouent connectés partout dans le monde. Dans ce genre d'expérience, on retrouve l'extrême simplicité de la coopération : on montre aux autres ce qu'on fait, et on voit s'ils comprennent quand à leur tour ils coopèrent. Les indices sont parfois microscopiques. La victoire suppose d'avoir su lire ces quelques amorces de cohérence au milieu de la bataille.

Ce sont ces petits éclairs de compréhension qui fascinaient un sociologue comme Georg Simmel. Partant du principe que l'on « ne peut jamais connaître l'autre absolument [10] », il s'interrogeait sur ce qui rend possible la confiance entre les individus. La question est abstraite, et sa réponse l'est tout autant : « Toute relation entre hommes fait naître dans l'un une image de l'autre, et il est clair qu'il y a [...] des interactions réciproques : d'un côté, cette relation réelle crée les conditions qui font que la représentation de l'un par l'autre prend tel ou tel aspect [...] ; et d'un

10. Georg SIMMEL, *Secret et sociétés secrètes*, Circé, Belval, 1996, p. 9.

autre côté, l'interaction réciproque des individus se fonde sur l'image qu'ils se font les uns des autres [11]. » Ce que l'autre pense de moi évolue avec notre relation. Et notre relation évolue avec ce que l'autre pense de moi. Banal, dira-t-on. Mais ce n'est pas aussi simple qu'on pourrait le croire. Car la validation de l'image que l'autre a de moi n'est jamais directe. Il n'y a pas dévoilement réciproque de nos images d'autrui puisque ce dévoilement n'est rendu possible que par la modification de nos relations. C'est la façon dont notre relation aura changé qui viendra par la suite permettre l'accord sur l'image que je donne de moi à l'autre.

La rencontre réelle est le moment qui conditionne la vérité des échanges en ligne. Et elle arrive très vite. Un tiers des couples qui se sont formés sur les réseaux se sont vus après une semaine et deux tiers dans le mois [12]. On pourrait être tenté de mentir dans la phase qui précède, de s'enjoliver pour permettre la rencontre, mais à quoi bon si celle-ci dévoile la supercherie ?

Ce qui ressort, au-delà des expériences de duperie, c'est que se préparer à la rencontre est impossible. Impossible de prévoir par le menu ce qu'on va se dire ou quelle position on adoptera au lit. Une position éthique courante consiste alors à anticiper la déception, l'échec potentiel de nos attentes.

La culture populaire nous y prépare tout autant qu'elle nous pousse à dire « je t'aime ». Il y a en effet, dans les comédies américaines, une loi non écrite qui veut que tous les premiers rendez-vous soient ratés. Prenons par exemple la filmographie de Ben Stiller.

Dans *Mary à tout prix*, avec Cameron Diaz, Ben Stiller se coince un testicule après avoir vu par erreur Mary qui se changeait dans sa chambre, les pompiers sont appelés, bain de sang. Deuxième rendez-vous : Ben Stiller s'éjacule par erreur sur

11. *Ibid.*, p. 10-11.
12. Marie Bergström, « (Se) correspondre en ligne, l'homogamie à l'épreuve des sites de rencontres », art. cit.

l'oreille, Mary croit que c'est du gel et s'en met dans les cheveux. Elle garde une houppette ridicule pendant tout le repas. Plus tard, le chien lui croque l'entrejambe. Je ne fais aucun effort dans les descriptions, parce que je suppose que vous l'avez déjà vu (et que vous avez trouvé ça vaguement drôle).

Dans *Polly et moi*, avec Jennifer Aniston, Ben Stiller bouche les toilettes parce qu'il ne supporte pas la cuisine orientale. Un chien l'attaque à nouveau. Son père prononce des mots plein de sagesse : « Quand tu t'y attendras le moins, quelque chose de génial arrivera. Quelque chose de mieux que tous tes projets. »

Greenberg, avec Greta Gerwig, est le moment hipster de la carrière de Ben Stiller, mais, même dans un film d'auteur, son personnage galère dès le premier rendez-vous : les deux protagonistes ne couchent pas ensemble parce que le chien de Florence tombe malade.

Dans *La Vie rêvée de Walter Mitty* – sommet de comédie de développement personnel –, Ben Stiller (responsable des archives négatifs du magazine *Life*) n'a rien d'intéressant à raconter sur son profil en ligne pour séduire Kristen Wiig. Il n'arrive pas à lui écrire, et même son message en forme de clin d'œil informatisé bugue. Lorsqu'il la rencontre finalement au travail, ses rêveries coupent court à toute conversation.

Ces comédies se font l'écho de la prescription démocratique et pataphysique la plus simple en matière de rendez-vous : ne rien espérer, s'attendre à tout.

CONTRE LA FOUCALDISATION DU SEXE

> « You are and will always be an All Star. Now, sashay away. »
>
> Nick Murray, *RuPaul's Drag Race : All Stars* (2018, S4E1).

Il faut être honnête : le spectre vengeur de Foucault me poursuit depuis le début de ce livre. On ne peut pas dire « sexe » et « vérité » dans la même phrase sans penser à lui.

On connaît sa thèse, et elle est forte : « Depuis le christianisme, l'Occident n'a cessé de dire : "Pour savoir qui tu es, sache ce qu'il en est de ton sexe." Le sexe a toujours été le foyer où se noue, en même temps que le devenir de notre espèce, notre vérité de sujet humain [13]. »

Lui refusait de répondre à cette injonction. « Ne me demandez pas qui je suis, écrivait-il dans l'introduction de *L'Archéologie du savoir*, et ne me dites pas de rester le même, c'est une morale d'état civil ; elle régit nos papiers. Qu'elle nous laisse libres quand il s'agit d'écrire. » Pour moi, ça a toujours sonné comme une phrase de *drag-queen* qui se prépare en coulisses, s'apprête à enfiler sa perruque, ses faux cils, ses faux ongles et à s'inventer une nouvelle vie (il y aurait, à en croire les commentateurs, au moins quatre Foucault, quatre phases distinctes de sa pensée – ce à quoi s'est ajoutée depuis au moins une *drag-queen*, Sasha Velour, dont le crâne chauve et le look intello sont un hommage permanent au maître).

Si Foucault avait fait ça, je l'aurais adoré. Mais non, il a toujours préféré cultiver le secret, jouer de toutes les ambiguïtés. Certains diront pour chouchouter sa carrière. Ce qui est sûr en tout cas, c'est qu'il méprisait aristocratiquement les petites cases dans lesquelles tous les autres ploucs étaient enfermés.

Et quand il traite de l'homosexualité, c'est aussitôt pour la faire disparaître dans une invocation de la créativité relationnelle, sur un mode très éthéré : « Peut-être vaudrait-il mieux se demander "Quelles relations peuvent être, à travers l'homosexualité, établies, inventées, multipliées, modulées ?" Le problème n'est pas de découvrir en soi la vérité de son sexe [...]. Nous avons donc à nous acharner à devenir homosexuels et non pas à nous obstiner à reconnaître que nous le sommes [14]. » La vraie opportunité qu'offre

13. Michel FOUCAULT, « Non au sexe roi », *Dits et écrits*, tome III, texte n° 200 (entretien avec B.-H. Lévy), *Le Nouvel Observateur*, n° 644, 12-21 mars 1977, p. 92-130.
14. Michel FOUCAULT, « De l'amitié comme mode de vie », *Dits et écrits*, tome IV, texte n° 293 (entretien avec R. de Ceccaty, J. Danet et J. Le Bitoux), *Gai Pied*, n° 25, avril 1981, p. 38-39.

l'homosexualité est selon lui moins d'affirmer une sexualité différente, opposée à l'hétérosexualité – l'acte sexuel n'est rien –, que de construire une amitié hors cadre hétéronormatif.

Le problème, avec ces déclarations, c'est qu'elles sont imprégnées d'une très délicate rhétorique anti-identité. Au point que son œuvre est souvent citée aujourd'hui pour faire taire les « communautaristes » en les traînant devant la statue du Commandeur à col roulé. « En France, comme le rappelle Philippe Mangeot, la doxa foucaldienne cite *La Volonté de savoir* pour mettre l'accent sur les dangers inhérents aux discours identitaires[15]. » Combien de débats entre intellectuels se sont conclus par une citation malfaisante de Foucault pour dire aux minorités de rester sagement minoritaires et subversives, et surtout de ne pas chercher à gagner en visibilité[16] ?

Foucault s'était attaché à montrer comment le pouvoir engendrait de la résistance. Au fil de ses travaux, cependant, la résistance au sein du dispositif de sexualité paraît laisser place à une sorte d'exode. Foucault semble fuir dans un sexe hors sexe, ou vers les « limbes heureux de la non-identité[17] ». Il a sans doute écrit sur le sexe à un âge trop tardif. Son insis-

15. Philippe MANGEOT, « Sida : angles d'attaque », *Vacarme*, n° 29, 2 octobre 2004, p. 74-81. Il n'y a pas longtemps, un article de la revue *Esprit* utilisait encore Foucault pour bannir toute identité sexuelle : « La volonté émancipatrice de l'homosexualité comme identité est rejetée comme illusoire par Foucault, ce qui permet de comprendre son intérêt pour les nouvelles formes de vie sociale présentes dans les communautés homosexuelles de Californie à la fin des années 1970. Parler d'identité sexuée est en effet le meilleur moyen d'enfermer l'individu dans une identité définie en termes de normalité, de déviance, etc., que l'on tolère ou non cette identité. Par conséquent, il ne s'agit pas tant de libérer le sexe d'un pouvoir que de nous libérer du sexe », Patrice VIBERT, « La parenthèse désenchantée », *Esprit*, juillet-août 2017, p. 101-102.

16. Si vous aimez vous plonger avec délice dans l'hypocrisie de ces joutes rhétoriques, je vous recommande l'émission *Le Cercle de minuit* de 1996, où Alain Finkielkraut brandit Foucault simultanément contre Philippe Mangeot et Didier Eribon lors d'un débat autour du Pacte civil de solidarité (PACS) : le polémiste parle de « pétrification identitaire », embraye sur le scandale du sang contaminé puis oppose au « nous » gay un simple refus de comprendre au nom de Foucault justement : « Je ne comprends pas ce "nous". »

17. Michel FOUCAULT, « Le vrai sexe », *Dits et écrits*, tome II, texte n° 287, *Arcadie*, 27e année, n° 323, novembre 1980, p. 617-625.

tance sur le souci de soi ou l'amitié recoupe son intérêt pour une sexualité dégénitalisée, une sexualité d'homme mûr qui regarde tous les petits queutards avec une sorte de dédain. Son analyse a délaissé avec une sorte de snobisme tout ce qui touche réellement au sexuel, le renvoyant vers l'amitié. Cela se marie parfaitement avec une claire préférence pour le placard philosophique et le camouflage littéraire[18]. Au moment d'approcher du réel et de parler de sexe entre garçons, tout renvoie selon lui à une « image proprette[19] ». Se confronter à la matérialité ou à la possibilité de l'acte ne l'intéresse pas : « Imaginer un acte sexuel qui n'est pas conforme à la loi ou à la nature, ce n'est pas ça qui inquiète les gens. Mais que des individus commencent à s'aimer, voilà le problème[20]. »

Aujourd'hui, on sait que le problème n'est pas là. Les films qui racontent des bluettes entre jeunes gays ou lesbiennes, ça passe. Les amours tragiques de deux cow-boys, ça passe (parce que, vous voyez, l'amour, c'est universel). Les six saisons de *L Word*, ça passe carrément (parce qu'un public hétéro est friand de lesbiennes *fem*). Mais la scène de sexe de *Brokeback Mountain*, ça passe moins. Deux hommes qui s'embrassent sur un dessin d'affiche de cinéma (*L'Inconnu du lac*), ça passe mal. Une branlette maladroite sur le bord de la plage de *Moonlight*, ça ne va pas. La belle accolade amicale à la fin du film, en revanche, ça passe. C'est bien la sexualité qui choque, son idiotie, son entêtement, son incapacité à la transcendance.

Ce que j'appelle la foucaldisation du sexe tient à ceci : préférer la généalogie ou l'archéologie des sexualités à un examen sérieux de notre propre éthique sexuelle – supposant peut-être dans le fond que toute éthique sexuelle serait

18. Michel Foucault, *L'Ordre du discours*, Gallimard, Paris, 1971 : « De commencement, il n'y en aurait donc pas ; et au lieu d'être celui dont vient le discours, je serais plutôt au hasard de son déroulement, une mince lacune, le point de sa disparition possible. »
19. Michel FOUCAULT, « De l'amitié comme mode de vie », art. cit.
20. *Idem.*

d'emblée réactionnaire, parce qu'elle reconduirait l'éternelle lutte du sujet avec son désir.

Y a-t-il pourtant une si grande différence entre les techniques de soi que Foucault théorise à la fin de sa vie en retraçant l'histoire du christianisme et de l'ascétisme, et les procédures *new age* de sculpture de soi qui fleurissent en Californie à la même période ? La *drag-queen* américaine RuPaul – chanteuse, animatrice de plusieurs émissions de téléréalité et papesse du développement personnel dont l'image se décline en mille produits de beauté différents – ne dit peut-être rien de bien différent de lui, quoique sur un autre mode. Il y a bien une ascèse, là aussi : coincer son sexe à l'intérieur du corps (*to tuck*) pour effacer complètement les signes de masculinité, se maquiller pendant des heures, endurer le port des talons les plus hauts, ne jamais manger en public. RuPaul évoque l'identité comme s'il s'agissait d'un costume dans la plus pure tradition baroque, un costume recouvrant un soi ancestral et cosmique. Car sa définition de l'identité articule subjectivité et impersonnalité. « *You're born naked and the rest is drag* », « Tu es né nu et le reste n'est que travestissement ». Si on peut y lire une version pop de Foucault, c'est parce que la sagesse rose bonbon de RuPaul est née à la même source que l'idée de techniques de soi : dans la culture gay des années 1970. Là où Foucault critique et analyse, n'importe quel gourou prescrit et domine. Ce n'est pas une différence si profonde. L'un est philosophe, l'autre est une artiste, porte des perruques et danse mieux.

Au moment où j'écris ces lignes, je retrouve mes vieux scrupules. Pourquoi est-ce que j'en veux à ce point à Foucault ? Après tout, ce n'est pas lui qui m'a pété la gueule au beau milieu d'un coin de drague et c'est même en partie grâce à lui que des malades comme moi peuvent affirmer des relations plus critiques à l'endroit de l'expertise des médecins.

C'est peut-être tout simplement une question d'époque. Alors permettez-moi de conclure avec les mots d'une autre génération, qui ne renonce nullement à la vérité des identités dans un monde pourtant bien plus saturé de discours que ne l'était celui de Foucault. À l'issue de la deuxième saison d'*American Vandal* (2018), les deux jeunes héros de cette sitcom scabreuse donnent à entendre leur propre analyse, en mode premier degré :

> On est la première génération à avoir deux vies. Nos existences sont simultanément vécues et mises en scène, présentées, emballées, retouchées pour notre propre protection. Des forteresses numériques faites de bits, d'octets et de pixels, des murs faits de 0 et de 1. [...] Nous créons des versions différentes de nous-mêmes afin de devenir les metteurs en scène de nos propres histoires, afin d'être aux commandes de notre propre vie. On nous dit que nous sommes la pire des générations, qu'on est tous hypocrites : « Vous prétendez tous vivre ces petites vies parfaites alors que vous savez que vous êtes aussi seuls que moi. Vous êtes bidon, vous êtes des contrefaçons. » Mais faire semblant ne fait pas de nous des contrefaçons. L'imagination fait de nous des êtres humains, elle nous permet de savoir quelle version de nous est la meilleure. Nous ne sommes pas la pire génération, juste la plus exposée. Nous vivons dans l'appréhension perpétuelle de critiques et de jugements. Et si les masques nous étaient nécessaires pour survivre ? Et s'ils étaient nos armures, un endroit où grandir, se découvrir et se réinventer ?

Si j'arrêtais la citation là, vous auriez presque le Foucault de *L'Archéologie du savoir* méprisant la « morale d'état civil ». Mais il faut vivre. Et vivre consiste à être heureux – au moins dans une série américaine standard. « L'important, concluent ces jeunes insouciants, est de s'entourer de gens qui nous connaissent sans le masque. Et être heureux avec qui on est en dessous. » C'est beau comme une chanson pop.

5. LA FÉTICHISATION DE L'AUTRE

> You think you're a man but you're only a boy
> You think you're a man, you are only a toy
> You think you're a man but you just couldn't see
> You weren't man enough to satisfy me.
>
> DIVINE, *You Think You're a Man* (1988).

Growlr est l'application de rencontres dédiées aux *bears*, aux ours. Les *bears* sont des gays poilus (comme des ours), souvent plus gros et plus âgés que la moyenne. Ils grognent (*growl*) gentiment et vous envoient des « woof ! » quand ils vous aiment bien. Vraiment, on est entre le chien et l'ours. Plusieurs sous-catégories existent pour offrir à chacun son petit coin de fourrure : *cub*/ourson pour les jeunes ; *chaser*/chasseur pour leurs admirateurs ; *otter*/loutre pour les poilus les plus maigres ; panda si vous êtes asiatique… C'est cette sous-culture gay qui a remis la barbe et le petit bide à la mode. Plus que les autres, les *bears* savent que les applications de rencontres ne sont jamais aussi efficaces que lorsqu'elles définissent des niches.

Les niches sexuelles sont l'unité de base de la drague en ligne – certaines applications se sont même spécialisées sur des « tribus » particulières. Pour le plaisir de l'éclectisme postmoderne, voici un petit florilège : Notre-Dame-Des-Rencontres.com, InchAllah.com, MetalHeart.fr, RencontresRastas.com, Amours-Bio.com, Rencontre-Toutou.fr, RencontreMilitaires.fr, Entre Uniformes.com, Amour-Professeur.com, RichMeetsBeautiful.com, CougarPourMoi.com, PlatonicPartners.org, Rencontre-Macho.com, Rencontre-Moche.com, SourdAmour.com…

Lorsque Pascal, au XVIIe siècle, tente d'humilier l'embryon d'homme moderne et libertin qu'il fréquente en écrivant qu'« on n'aime jamais personne mais seulement des qualités », un dragueur pragmatique de sites de rencontres serait heureux de lui répondre : « Eh bien tant mieux ! » Si le projet amoureux s'abolit dans sa recherche d'une singularité introuvable car préconçue, ne reste plus qu'à apprendre à savourer des qualités humaines chez différents individus.

Il se peut alors que, pour le meilleur ou pour le pire, la blague favorite du critique littéraire et théoricien structuraliste Gérard Genette s'applique à la drague numérique. Il s'en servait pour expliquer son amour des genres littéraires, c'est-à-dire son amour non d'une œuvre unique mais d'un ensemble d'œuvres. La voici : « Un sultan du temps des mille et une nuits passait beaucoup de temps aux côtés des nombreuses femmes de son harem, qu'il honorait de sa présence, de cadeaux et de soins. Passèrent cependant les jours, les semaines et les mois et le bon sultan se fit de plus en plus absent, manquait des rendez-vous, ne faisait plus de présents. L'incompréhension laissa sa place à la crainte puis à la colère. Les courtisanes décidèrent alors, d'un commun accord, de confronter leur amant : et celui-ci, gêné et honteux, leur dit alors : "J'avoue : je vois un autre harem." » Nous serions ainsi condamnés, en théorie au moins, à n'aimer que des genres, non des individus. En théorie du moins (mais c'est déjà une grande concession) car, dans cette trame, les rencontres effectives peuvent créer des histoires uniques.

PRÉFÉRENCES SEXUELLES OU PRÉJUGÉS RACISTES ?

> Ta couleur et tes mots tout me va
> Que tu vives ici ou là-bas
> Danse avec moi (Danse avec moi)
> Si tu crois que ta vie est là
> Ce n'est pas un problème pour moi
> L'Aziza (L'Aziza)
> Je te veux si tu veux de moi.
>
> Daniel BALAVOINE, *L'Aziza* (1985).

Ceux qui doutent encore que les stars soient des gens comme les autres devraient lire une interview de Vincent Cassel. Ça commence comme ça :

> Vincent Cassel, nous avertit *CloserMag* en 2011, sait parfaitement ce qu'il aime : « *Aujourd'hui, j'apprécie la beauté partout : les petites, les grosses, les maigres, cheveux courts, cheveux longs… Enfin j'aime les brunes quand même !* » Mais cette ouverture, Vincent ne l'a pas toujours eue. Plus jeune, il avait la *jungle fever* : « *Je n'étais attiré que par les femmes métisses ou noires. Puis j'ai été spécialisé dans les filles asiatiques, et ensuite les petites rebeu parisiennes. J'ai réalisé que quand on est spécifique on ne s'intéresse pas aux gens*[1]. »

Et l'été 2018, l'acteur français épousa Tina Kunakey, de trente ans sa cadette, jeune et charmante mannequin métisse brésilienne. À *Madame Figaro*, il confie, sûr de lui : « Tu ne choisis pas de qui tu tombes amoureux[2]. »

La puissance du déni de la réalité est sûrement l'une des dernières choses qui distinguent encore l'homme de l'animal. Comment un homme blanc amoureux des femmes noires fait-il pour oublier que l'idée de race innerve l'imaginaire érotique depuis des siècles ?

Le premier à donner son sens moderne au concept de race est François Bernier dans sa *Nouvelle Division de la Terre par les*

1. « Vincent Cassel : "Les hommes ? On n'est un peu que notre bite…" », *Closermag*, 9 février 2011, mis à jour 9 mars 2013.
2. « Vincent Cassel a demandé Tina Kunakey en mariage, "avant de créer une famille" », propos recueillis par Mooréa Lahalle, *Madame Figaro*, 22 août 2018.

différences espèces ou races qui l'habitent, paru en 1684. Bernier est un voyageur. Il a sans doute vu plus de formes, de complexions et de corps que beaucoup de ses contemporains. Il entreprend de classer l'humanité selon différents groupes caractérisés selon la silhouette, la pilosité, la forme du visage et évidemment la couleur de peau. Sa séparation en quatre races est largement fantasmatique : des Lapons, qui constituent la quatrième race, Bernier avoue n'en avoir jamais rencontré que deux dans sa vie – et il en déduit avec un certain aplomb qu'ils sont de toute façon de « vilains animaux ».

Son classement lui pose de réelles difficultés conceptuelles. Il range par exemple les Indiens et les Américains dans le même groupe que les Européens. Rappelons pour l'anecdote que l'adjectif « caucasien » plus tard utilisé pour désigner la supposée race blanche vient du naturaliste allemand Blumenbach qui, visitant l'Europe et trouvant que les Caucasiens étaient les plus beaux des hommes, décida au XVIIIe siècle de décréter caucasiens tous les hommes à peau blanche. En Russie, le Caucasien passe au contraire pour un homme sombre à l'œil noir, manquant suspicieusement de blancheur [3].

Bernier proposait une seconde distinction, d'ordre esthétique, en classant les femmes en fonction de leur beauté. Le geste consistant à distinguer des races s'accompagnait ainsi aussitôt d'une posture de maître décidant quelles sortes d'esclaves féminines sont les plus précieuses. Comme le rappelle Elsa Dorlin, le classement des races proposé par Bernier se fondait sur le prix des femmes sur le marché de la traite [4]. Ici, classer revient à choisir, et choisir revient à dominer. Aucune préférence raciale, même exprimée le plus naïvement du monde, ne saurait être parfaitement pure d'arrière-pensée après une telle généalogie. L'histoire nous a coincés.

3. Dominique COLAS, *Races et racismes, de Platon à Derrida*, Plon, Paris, 2004, p. 299.
4. Elsa DORLIN, *La Matrice de la race*, La Découverte, Paris, 2009, p. 213.

Dans les colonies françaises, le Code noir a quant à lui organisé une véritable course à la blancheur. « En haut, le Blanc – l'être au plein sens du terme – en bas, le nègre... un meuble, autant dire le rien... Mais entre ce tout et ce rien, un redoutable entre-deux, le mulâtre, l'homme de couleur libre [5]. » Dans l'entre-deux se jouait la liberté. « D'une manière générale, écrit Pap N'Diaye dans *La Condition noire*, les esclaves à peau claire étaient mieux considérés que les autres, jouissaient d'un statut plus élevé, à l'exception de ceux si clairs qu'ils pouvaient passer pour blancs et pouvaient alors s'enfuir plus facilement : *too white to keep*, "trop blanc pour être gardé", disait-on aux États-Unis [6]. »

Nous avons hérité de cette situation jusque dans ses subtilités coloristes. Un des enjeux pour les esclaves noires était d'avoir des enfants assez clairs de peau pour pouvoir être affranchis. En contrepoint, tel un Zénon sadique empêchant de penser tout mouvement par une division infinie de l'espace, certains théoriciens, comme Moreau de Saint-Méry, multipliaient les catégories intermédiaires pour garder l'esclave toujours plus noir que le Blanc : le sacatra, le griffe, le marabout, le mulâtre, le quarteron, le métis, le mameluco, le quarteronné, le sang-mêlé...

Le désir de métissage ne contenait certainement pas à son origine un projet politique de coexistence multiculturelle. Et pourtant, a-t-on tort d'écrire aujourd'hui que « la conception d'un métis commence par un acte d'amour, donc un acte de joie [7] » quand on est, comme Fabrice Olivet, le fruit de cet amour ?

Depuis que Christian Rudder a étudié les données de son propre site, OKCupid, on possède une image assez nette de la

5. Aimé Césaire, *Toussaint-Louverture. La Révolution française et le problème colonial*, Le Club français du livre, Paris, 1960 ; rééd. Présence africaine, Paris, 1981, p. 34.
6. Pap Ndiaye, *La Condition noire. Essai sur une minorité française*, Gallimard, « Folio/Actuel », Paris, 2009, p. 90.
7. Fabrice Olivet, *La Question métisse*, Mille et une nuits, Paris, 2011, p. 22.

prégnance des préjugés racistes dans les rencontres en ligne[8]. Dans le monde hétérosexuel de la drague 2.0, le rejet affecte tout particulièrement les hommes asiatiques et les femmes noires (82 % des hommes non noirs ont tendance à moins leur répondre). Les résultats de tests effectués sur Tinder montrent que seul un mannequin asiatique perçu comme exceptionnellement beau peut concurrencer un utilisateur blanc moyen[9]. Bien que beaucoup d'utilisateurs prétendent ne pas attacher davantage d'importance à la race qu'au signe du zodiaque, Christian Rudder enfonce le clou : « Nos données témoignent de comportements que la plupart des gens n'endosseraient jamais en public, [...] le biais racial n'est pas seulement fort mais constant – répété presque au mot (ou au chiffre) près, d'un site à l'autre[10]. »

Celles et ceux qui draguent en ligne ont majoritairement tendance, d'après les chiffres de l'application « Are You Interested », à éviter les contacts avec les utilisateurs racialement différents. La seule exception porte sur les hommes blancs, qui sont les seuls à polariser l'attention des femmes de tous les autres groupes[11].

Par euphémisme, on parle de « préférences ». On joue la neutralité, voire la naturalité. Une étude australienne a cependant montré que les préférences sexuelles excluant les non-Blancs étaient hautement corrélées à un racisme avéré[12]. Plusieurs sites[13] ou comptes Twitter[14] listent les insultes ou les

8. Christian RUDDER, *Dataclysm. Who We Are (When We Think No One's Looking)*, Crown Publishers, New York, 2014.
9. www.godofstyle.com/is-tinder-racist-statistical-analysis-and-tricks-to-win-the-tinder-game/.
10. Christian RUDDER, *Dataclysm*, *op. cit.*, p. 18.
11. Laurent POINTECOUTEAU, « Les "préférences ethniques" aux États-Unis vues par les sites de rencontre », Slate.fr, 25 novembre 2013.
12. Denton CALLANDER, Martin HOLT et Christy E. NEWMAN, « Is sexual racism really racism ? Distinguishing attitudes toward sexual racism and generic racism among gay and bisexual men », *Archives of Sexual Behavior*, vol. 44, n° 7, juillet 2015.
13. http://racistsofgrindr.tumblr.com.
14. Sur Twitter : grindrracism.

fétichisations qui s'expriment au nom de ces « préférences » sur les applications de rencontres. Elles émanent de façon écrasante de Blancs qui refusent de quitter leur bulle.

Ce racisme sexuel n'épargne pas le monde LGBTQI. La formule « *no fat, no Asian, no fem* » (pas de gros, pas d'Asiatique, pas de mecs efféminés) est d'ailleurs devenue courante à tel point que Kim Chi, la *drag-queen* coréenne finaliste du *RuPaul Drag Race*, se l'est réappropriée pour s'en faire une chanson étendard (*Fat, Fem and Asian*), et ainsi retourner l'insulte.

Une vraie décolonisation des esprits doit passer par la prise de conscience de ces préjugés sexuels et raciaux. On ne soulignera jamais assez que l'un des livres les plus importants de la critique du colonialisme, *Peau noire, masques blancs* de Frantz Fanon, est aussi un des textes les plus puissants dans l'analyse des rapports entre le sexe et la race. Cette lecture conduit à rejeter tous les clichés sexuels colportés tant sur les Noirs que sur les Asiatiques, les Blancs, les Arabes et toutes les autres couleurs de l'arc-en-ciel phénotypique... À la fin du livre, Fanon appelle de ses vœux un temps où il n'existerait plus de raison de se définir comme Noir ou comme Blanc. Il pensait qu'arriverait un temps où un amour authentique entre Noir et Blanc serait possible sans avoir à se justifier, étant enfin émancipés des rôles du passé.

La mythologie de l'amour est pleine de promesses, mais celle-ci a, pour l'heure, raté dans les grandes largeurs. Comme j'en parlais à un ami, il m'a instantanément forwardé une vingtaine de captures d'écran de messages Grindr qui lui avaient été adressés, tous fantasmant et salivant par avance sur la moindre parcelle son corps noir. Son profil, pourtant, ne comportait aucune photo.

Le regard érotique est tributaire de représentations héritées de siècles de domination. Est-il cependant possible de les prendre à contre-pied, de s'en emparer pour les détourner ?

Ce qui compterait alors ne serait pas la fétichisation elle-même, mais la façon de l'utiliser. Il faudrait cependant déployer bien des artifices dialectiques pour affirmer que la race, outil idéologique justifiant la séparation et la destruction, peut en même temps être le support d'une érotisation qui dépasse *in fine* ces divisions.

Le militant homosexuel Guy Hocquenghem s'y était essayé, et pas uniquement sur le mode de l'écrit théorique et provocateur :

> Je me souviens, raconte Jean-Jacques Lebel, d'une action inimaginable aujourd'hui, développée sur le thème de l'aliénation sexuelle. Au début des années 1970, Guy et Michel s'y sont livrés d'une façon éminemment subversive, de mon point de vue en tout cas. Ils ont ouvert un bordel dans le petit village de Diabet, près d'Essaouira au Maroc, une mini-contre-institution dans laquelle la loi de l'offre et de la demande sexuelle, sur laquelle se fonde le rapport prostitutionnel, était inversée. Le bordel était exclusivement réservé aux Arabes. Ce sont eux, Guy et Michel, Français blancs, qui servaient de prostitués aux clients arabes pour un prix dérisoire. Les clients faisaient la queue devant le bordel. Je l'ai vu de mes propres yeux [15].

Et Michel Cressole de conclure sur un ton plus personnel : « En m'enculant comme il l'avait fait, Hassan avait voulu me faire expier la présence française au Maroc, expier la reconquête de l'Espagne, expier Poitier. »

Supposons que Guy Hocquenghem et Michel Cressole aient agi par pure passion politique décoloniale. Supposons aussi qu'ils n'aient pas fantasmé un mythe raciste sexualisant et animalisant la force sexuelle des Arabes. Il n'en reste pas moins

15. *Trois Milliards de pervers. La Grande Encyclopédie des homosexualités, réédition de la publication saisie en 1973*, Acratie, La Bussière, 2015, avant-propos (en mars 1973 paraît un numéro de la revue *Recherches* intitulé *Trois Milliards de pervers*. La publication est immédiatement saisie et les exemplaires restants détruits pour cause de « déballage libidineux d'une minorité de pervers »).

que, dans leur petite expérimentation, la distribution des rôles de dominés ou dominants restait à l'initiative des deux Français. Le défaut de la position de Hocquenghem est de pousser son client arabe à rentrer dans son propre théâtre fantasmatique au prétexte d'anéantir le racisme et le système colonial. Il lui fait incarner l'Arabe et uniquement l'Arabe. Autrement dit, l'effet politique qu'il voulait en tirer est condamné par avance. Le non-racisme se transforme en racisme plus subtil. Aucun porno interracial n'a fait progresser la lutte contre le racisme.

Peut-on résoudre cette double impasse ? Soit je prends au sérieux mon antiracisme et je prouve que je peux coucher avec une personne d'une autre race que moi parce que je suis antiraciste. Et alors je tombe sous le reproche de fétichiser les corps de mes amants. Soit je reconnais qu'il m'est possible de coucher avec une personne d'une autre race que moi. Et alors on me reprochera d'être un hypocrite incapable de mettre en pratique mes propres idées ou d'être raciste.

Moi qui suis blanc, et dont la plupart des ex ne sont pas exactement blancs, je pense avoir compensé en cherchant toute ma vie un univers où des personnages, historiques ou imaginaires, auraient pu s'aimer de la façon la plus abstraite qui soit. Mon premier béguin télévisuel avait été l'acteur japonais de X-OR. Ce détour par un univers merveilleux, de sabre laser, de baguettes magiques, de robots qui s'emboîtent les uns dans les autres a au moins la vertu pour un temps d'atténuer la fétichisation. Vous fantasmez d'être un jeune super saiyan éduqué durement par son mentor Namek (habillé en sarouel bien avant que ça ne redevienne à la mode). Mais, en l'atténuant, il est également possible qu'on retarde une prise de conscience plus claire.

Reste peut-être à accepter le geste masochiste consistant à être fétichisé par avance pour rééquilibrer les torts. Si vous êtes blanc, vous mettrez un certain temps à découvrir que vous l'êtes. L'expérience de la contre-fétichisation par un partenaire non-blanc, bien qu'elle ne soit pas plus morale qu'une autre, peut produire des effets politiques nouveaux dans la conscience blanche. La comédienne Ali Wong confie de son côté avoir joui un certain temps de cette position paradoxale de femme trophée qui retourne la situation en reprenant le contrôle : « C'est très sexy de sortir avec un mec blanc. Rien ne me fait me sentir plus puissante que lorsqu'un Blanc me bouffe la chatte. J'ai l'impression d'absorber tous ses privilèges, et ce sentiment que tout est dû… vous savez, juste par ici, par le trou à fric. Humm… Et vous savez, il est si vulnérable en dessous. Je pourrais écraser ta tête à tout moment, petit Blanc ! Je pourrais te tuer, écraser ton cerveau ! Coloniser le colonisateur ! »

Autant le reconnaître tout de suite, il n'existe pas de désir pur.

Fantasmer une qualité sensible ou un stéréotype racial transforme l'autre en objet (cela vaut aussi pour la classe, le genre, l'âge, la taille, etc.). Plutôt que d'esquiver le problème, il me semble qu'il vaut mieux prendre acte de la part de fétichisation inhérente à la pulsion sexuelle. L'érotisme se fonde sur la réduction d'une complexité morale à quelques détails soudain mis en valeur : une odeur, une peau, des yeux, une forme de cul, des poils… À la suite de Kant, je crois qu'aucun désir sexuel n'échappe complètement à l'objectivation de l'autre – raison pour laquelle le sexe est bel et bien un moment dangereux. Mais, contrairement à Kant, je ne crois pas que le mariage soit la solution.

Du désir, on connaît sa vérité fondamentale, à savoir qu'il passe. Ce caractère éphémère que la philosophie classique présente comme un malheur, comme une incapacité à se maintenir dans la perfection de son être, trouve au moins ici une conséquence plus faste : si le désir fétichise, et si le désir passe, alors une brèche est ouverte. Le désir fétichisant sera toujours trivialisé par un retour à la réalité. Et c'est là que tout se joue.

On jouit, on se trouve cons dans un lit, en sueur, on ne sait pas quoi se dire, tous les grands fantasmes qui rejouent les princes, les princesses, la colonisation, les guerres, les conquêtes, l'exotisme, l'Autre… tout ça se clôt sur la question de savoir où sont les mouchoirs, les toilettes ou la salle de bains. Ce moment fait apparaître une intimité brute, un corps, et peut-être quelque intérêt encore pour les caresses simples. C'est une faille dans le mouvement de l'histoire. Il faut le prendre comme tel.

La meilleure réponse consiste selon moi à s'efforcer de préserver pour l'autre la possibilité d'être autre que le fantasme nous le dépeint, c'est-à-dire de garantir du non-sexuel dans la relation. Et ça se joue aussi en dehors du lit. Si certains hommes peuvent fièrement accepter d'être temporairement objectivés en raison de leurs muscles ou de la façon avec laquelle ils surjouent bêtement l'animalité au lit, c'est parce qu'ils savent que, une fois sortis de ce rôle sexuel, ils n'y seront pas systématiquement réduits. Mais ce privilège n'est pas donné à tout le monde. Il est quotidiennement refusé à beaucoup de femmes. L'insulte « salope » est l'un des noms de cette assignation sexiste.

On pourrait qualifier de « fétichisme global » cette attitude consistant à figer les rôles sexuels. Le fétichiste global ne voit qu'une chose, et il pense avoir raison parce qu'il ne voit qu'une chose. Il a triomphé de la superficialité et de l'hypocrisie des apparences sociales, et le voilà ivre de sa découverte du sexe de l'autre. La force du plaisir sexuel lui semble légitimer son obnubilation et la réduction de l'autre à sa seule dimension sexuelle. Une femme qui aime baiser est une salope. En dehors, elle devra le rester, et le sexiste y veillera.

La thèse prosaïque que je soutiens est qu'on peut être tou. te. s des salopes au lit et perdre cette qualité quand on le quitte. L'autre doit nous laisser partir, nous laisser retrouver le monde des obligations quotidiennes sans nous rappeler aux essentialisations multiples. Raison pour laquelle le racisme sexuel ne se joue pas seulement dans la rencontre en face à face, mais dans toutes les autres micro-agressions qui l'accompagnent et le perpétuent au quotidien.

BEAUTÉ RELATIVE ET LAIDEUR SEXY

> « Tu n'aimes pas les moches. C'est d'accord. Tu vois, moi, j'aime bien les mecs moches, mais seulement s'ils sont moches-sexy. Comme Harvey Keitel par exemple.
> — Moches-sexy ? Définis.
> — Tu ne peux pas le définir, ça existe, c'est tout. Moches-sexy.
> — Donne-moi une célébrité qui entre dans cette catégorie. Angelica Houston ?
> — J'allais dire Mike Jagger. C'est le plus évident. Lyle Lovett. James Woods. Mais Harvey Keitel : très moche-sexy. »
>
> Charles Herman-Wurmfeld, *Kissing Jessica Stein* (2002).

Dans un monde de sciences sociales nourries aux *big data* (ce qu'on appelle désormais les humanités numériques), Christian Rudder, mathématicien et créateur du site de rencontres OKCupid, détonne. Il a récemment décidé de publier toutes les données de son site pour faire part de ses résultats. En plus de son blog, il a consacré en 2014 un livre entier au décorticage de ces données : *Dataclysm. Qui sommes-nous (quand nous pensons que personne ne nous regarde)* ? Le sous-titre se comprend ainsi : comme les utilisateurs ne savent pas qu'ils sont observés, ils offrent à l'observateur des comportements non biaisés. Bienvenue au paradis du statisticien big-brotheresque.

Le secret mythologique du philtre d'amour sera-t-il percé par la magie du *big data* ? Pas du tout (je suis le genre de mec à raconter la fin des films en premier). Car il y a toujours un écart significatif entre ce qui est recherché et ce qui nous satisfait réellement. Le 15 janvier 2013, Rudder a lancé une opération expérimentale appelée « L'amour est aveugle ». Ce jour-là, exceptionnellement, le site bloquait l'accès aux photos des utilisateurs. L'idée de ce *blind test* était simple :

l'algorithme de compatibilité faisait son office et, si vous étiez d'accord, on vous fixait un rendez-vous avec un total inconnu. Aucune information n'était transmise avant le rendez-vous à part quelques bribes de photos. Comme on peut s'en douter, cette fonctionnalité a été un échec complet. Très peu d'utilisateurs étaient intéressés. Mais, pour ceux qui ont joué le jeu, les données recueillies par questionnaire après le rendez-vous ont fait apparaître quelque chose d'inattendu. Le taux de satisfaction a été globalement élevé (85 % pour les hommes et 75 % pour les femmes), et ce donc indépendamment de toute attirance physique préalable.

Le facteur beauté n'aurait donc aucun impact sur la satisfaction éprouvée à l'issue d'un rendez-vous. La conclusion de Christian Rudder est assez paradoxale pour quelqu'un qui croit en la puissance du *big data* : « Je ne peux pas m'empêcher de penser aux gens rejetés à cause d'un hypothétique facteur rédhibitoire dont personne n'a réellement quelque chose à faire et de me demander si Internet a changé l'amour de la même façon qu'il a changé tout le reste[16]. » Le jeu des photos de profils sur Internet « a transformé chaque service (Facebook, la recherche d'emploi en ligne, et bien sûr les sites de rencontres) en concours de beauté ».

On tend aujourd'hui à confondre normes de beauté et puissance d'attraction sexuelle. Jadis, on n'hésitait pas à faire remarquer que les bossues pouvaient être attirantes[17] ou que les boiteuses pouvaient être de formidables coups : « On dit en Italie en commun proverbe, que celui-là ne connaît pas Vénus en sa parfaite douceur, qui n'a pas couché avec la boiteuse »,

16. Référence au refrain de la chanson des Rolling Stones, *You Can't Always Get What You Want*, dont Christian Rudder inverse délibérément la place du verbe « vouloir » et « avoir besoin ». Le verset d'origine est : « *You can't always get what you want/But if you try sometimes/Well you might find/You get what you need.* »

17. Béroalde DE VERVILLE, *Le Moyen de parvenir*, Gallimard, « Folio/Classique », Paris, 2006, p. 198.

annonce Montaigne. Il s'autorisait notamment d'une croyance ancienne selon laquelle la défaillance de l'irrigation sanguine des jambes permettrait par compensation de réchauffer davantage les organes sexuels et qu'en outre il se pouvait que « le mouvement détraqué de la boiteuse apportât quelque nouveau plaisir à la besogne, et quelque pointe de douceur à ceux qui l'essaient[18] ». Pour Montaigne – qui a fini par coucher avec une boiteuse – comme pour nous, tout cela relève de croyances boiteuses, justement. Mais quelle plus grande source de fantasmes et de tromperie que la beauté ? On prétend en induire tellement de choses… si bien qu'on finit par devenir le champ de bataille de ses propres préjugés sexuels.

Ultime acrobatie rhétorique : déclarer qu'une personne est sexy parce que moche. Elle devient sexy-moche, ou *sexy-ugly*, comme il est dit dans le film *Kissing Jessica Stein.* Nous sommes tellement aliénés par l'idée de beauté que, pour parler de sexe, on passe par la laideur.

Christian Rudder aurait pu nous laisser seuls avec ces chiffres sur le racisme, sur notre tendance systématique à nous planter. Il resterait assis dans sa Tesla en pensant à toutes ces injustices, siroterait un cocktail en se laissant piloter par l'IA jusqu'à son bureau, où l'attendrait dans l'ascenseur la musique de son propre groupe d'indie rock, Bishop Allen.

Mais non. Pour nous consoler, il a eu la mansuétude de découvrir l'existence d'un effet étonnant, qui redonne foi en un peu plus d'équité. Pour *dater* le plus efficacement possible, il faut savoir se faire détester et assumer ses défauts (du moins ce qui a l'air d'être un défaut pour les autres). C'est l'effet John Waters de la drague (connu sous le nom de *pratfall effect* quand on parle de statistiques et qu'on n'a pas vu un film de John Waters).

18. Michel DE MONTAIGNE, *Essais III*, chapitre 11, « Les boiteux », Gallimard, « Folio/Classique », Paris, 2012, p. 360.

John Waters est le réalisateur de *Pink Flamingo* ou *Serial Mother*. Il est le roi *camp* – c'est-à-dire du mauvais goût – et considère que vomir devant son film est la plus belle des ovations. Mais, surtout, John Waters « embrasse le fait d'être rejeté » – c'est pratiquement sa carte de visite en tant que réalisateur. Pour le dire autrement : personne ne sort de *Pecker* en pensant « bof ». Imaginons que, sur OKCupid, vous ayez une moyenne de 2,5/5 avec une moitié de notes à 0 et l'autre à 5, votre taux de réponse sera boosté d'environ 70 %. En gros, vous passez du physique de Julien Lepers au charisme de Michael Keaton.

« Vu que tout le monde sur terre a une sorte de défaut, la vraie morale est : sois toi-même et sois courageux. » La formule ne paraît pas nouvelle. Christian Rudder le sait : « Ça sonne comme le genre de conseil qu'une mère donne à son fils, avec une petite tape sur la tête, alors qu'il a 14 ans, un gros nez, un appareil dentaire et qu'il ne comprend pas pourquoi il n'est pas plus populaire. Mais en tout cas, c'est là, c'est dans les nombres. » Cet effet John Waters est peut-être moins magique qu'on ne le pense. Notre mathématicien explique que les gens calculent inconsciemment les chances qu'ils ont avec une personne qu'ils pensent être moins sollicitée parce que non conventionnelle. Sous le « sois toi-même » pointe ainsi un précepte un peu moins reluisant : « Profite du manque de confiance en soi chez les autres »…

Tout un monde sadien se cache derrière la petite ritournelle du « sois-toi même », comme en témoigne ce court opuscule paru à La Musardine, *Traité du boudin à l'usage des prolétaires du sexe*, signé d'un mystérieux Stéphane Tzara. Le narrateur – reprenant l'extension du domaine de la lutte contre la misère sexuelle là où Houellebecq l'avait laissé – y proclame la libération « sagouiniste » du désir. L'histoire est simple : notre héros a une « gueule à la con », sue des mains et pue des pieds. Au cours d'une partouze où tous les élégants se tirent pour laisser les moches entre eux, l'idée lui vient d'assumer la situation et d'en tirer parti. « Pendant des années, nous nous étions échinés à tenter de séduire de jolies filles qui ne nous avaient rendu que mépris et froideur, alors que là, juste sous notre nez, dormait un véritable trésor. Des centaines et des centaines, des milliers et des milliers de femmes, dépréciées, conspuées, méprisées nous attendaient. » On est loin de la morale des concours de beauté : « Qu'Apollon crève et que jouisse le boudin. » Le boudin ou son équivalent masculin, le « prolétaire du sexe », finit en simple objet sexuel, perdu dans une « immense mer marmelue » de « bras dodus ». C'est une fiction, évidemment.

C'était aussi une utopie, celle de la camaraderie amoureuse d'E. Armand. Elle est austère dans ses principes et très claire sur la place que devait y prendre la beauté. Dans l'éthique sexuelle de la camaraderie amoureuse, E. Armand propose de « supprimer le privilège de l'apparence – le privilège du *beau gosse* ou de la coquette, le monopoleur sentimental ou érotique[19] ». L'apparence physique fait revenir l'inégalité et détruit le principe même de la coopérative sexuelle qu'a tenté de créer ce militant libertaire anarchiste : « *toutes à tous, tous à toutes* » (un principe révolutionnaire un poil hétérocentré). En conséquence de quoi, « la pratique de la camaraderie amoureuse n'est pas faite pour des compagnes ou des compagnons s'arrêtant sur l'apparence extérieure. Comme pour toute camaraderie sérieuse, elle ne se fonde pas sur la nuance de peau, la forme du nez, la couleur de l'œil, une constitution corporelle réglée sur la statuaire grecque, le plus ou le moins de poils blancs ou colorés. Nous laissons au vulgaire, à l'être de troupeau, ce mode de sélection simpliste[20] ». En plus de l'égalitarisme, c'est aussi le principe même de l'amitié, entendue comme relation transcendant les affinités sociales pour en créer de nouvelles, qui s'oppose à la sélection par la beauté.

19. E. Armand, *La Révolution sexuelle et la camaraderie amoureuse*, *op. cit.*, p. 19.
20. *Ibid.*, p. 139.

Moi aussi, je rêve d'argumenter en renvoyant tous ceux qui ne seraient pas d'accord au troupeau et, moi aussi, je rêve d'injurier la Beauté assise sur mes genoux comme un énième Rimbaud vengeur. Mais le principe d'E. Armand pose tout de même un sérieux problème puisque, tout en parlant d'égalité et même de réciprocité, il précise que les principes de sa coopérative sont contraignants. La contractualisation de cette mise en commun des facultés sexuelles ouvre donc inévitablement la possibilité d'un viol justifié au nom de l'égalité des biens sexuels (ce dont rêveront plus tard les masculinistes blancs américains) :

> Dans une coopérative agricole, on produit et on consomme des produits agricoles. Dans une coopérative de chaussures, on produit et on consomme des chaussures. Dans une coopérative de camaraderie amoureuse, on produit et on consomme de la camaraderie amoureuse. Producteurs et consommateurs n'en font partie que pour en tirer les bénéfices attendus, étant convenu qu'ils supportent les désavantages éventuels. [...] Tout ceci expliqué, nous n'admettons pas du coopérateur, sauf cas de force majeure, le refus de production ou l'abstention de consommation : nous n'admettons pas qu'on encaisse les profits, si l'on évite les charges [21].

Entre la liberté sadienne des sagouinistes ou l'égalité terrifiante de la camaraderie amoureuse, on n'est pas obligé de trancher tout de suite. En attendant, pourquoi ne pas se recréer un énième profil et se résigner à la dictature de la beauté ? On pourrait cette fois suivre les conseils de Steeve Bourdieu, sociologue pour la jeunesse et auteur d'un *Art de la drague* 2.0. Petit florilège des pages 55 à 59 : « le selfie abdominal, c'est abominable » car c'est « 100 % autokiff » et donc « 100 % carton rouge ». Il ne faut pas mettre de fausses photos « car l'objectif final reste tout de même de pécho » sans quoi, on risque l'« effet kebab »,

21. *Ibid.*, p. 140.

c'est-à-dire la déception provoquée par la réalité (tout simplement)[22]. S'étant ainsi rapidement convaincu que l'humour potache d'un étudiant des grandes écoles ne constitue pas une alternative raisonnable au problème de la valeur sexuelle de la beauté, on peut réattaquer la question.

La beauté d'un corps peut recouper plusieurs réalités, mais, sur un site, c'est d'abord une image, un code – en fait, un avantage stratégique. Si vous êtes beau, vous avez une longueur d'avance, plus de choix. Mais rien de décisif. Il est avantageux pour ceux qui sont beaux de croire que la beauté est importante. Ils s'en servent comme d'une assurance, indépendante de la drague ou des performances sexuelles. Et, réciproquement, s'il existe quelque chose comme des tableaux de chasse, c'est pour témoigner de la beauté de celles ou ceux que l'on a su conquérir. La beauté n'existe que dans un rapport de possession.

Nul besoin d'être grand lecteur de David Hume pour saisir que notre goût pour la beauté d'un objet recouvre en fait une « subtile sympathie avec le possesseur », une identification avec le plaisir que cette possession lui procure[23]. Je ne défends pas cette définition dans l'absolu, mais sa version triviale est étalée sur tous les profils. Si on se présente soi-même comme un objet, ce n'est pas parce qu'on se vend réellement, mais parce qu'on se plaît à apparaître comme l'heureux propriétaire d'un corps. On s'invente propriétaire de ce corps qu'on prête au regard des autres. Pour être beau, il faut d'abord être tourné vers soi-même comme un bel objet dont on aime prendre soin. On excite l'autre en montrant en même temps son corps et le plaisir qu'il nous procure. Je ne m'étale pas sur la scénographie pornographique ou érotique habituelle qui accompagne les scènes d'autostimulation, mais le culte de la beauté n'en est que

22. Steeve BOURDIEU, *L'Art de la drague 2.0*, Librio, Paris, 2015, p. 52-59.
23. David HUME, *Traité de la nature humaine*, Livre II (1739), 2e partie, section V, Flammarion, Paris, 1991.

la version *soft*. « Les esprits humains sont les miroirs les uns des autres », écrit Hume. Je ne sais pas si c'est vrai, mais sur une interface où chacun ne se regarde qu'à travers des *pics*, cela a une grande chance de le devenir. Tant que cette définition de la beauté sera prégnante, on préférera posséder l'autre plutôt que de le rencontrer.

LES « SALOPES ÉTHIQUES » CONTRE LES COLLECTIONNEURS

> Boys boys boys, I'm looking for a good time
> Boys boys boys, get ready for my love.
>
> SABRINA, *Boys* (1987).

Partant d'une critique des standards de beauté, Dossie Easton et Janet W. Hardy défendent une conception de l'abondance sexuelle qui ne sacrifie pas la connexion à l'autre. Elles présentent ce credo dans leur livre, *La Salope éthique*. Par « salope », comprenez une femme ou un homme qui ne censurerait jamais son plaisir au nom de conventions sociales absurdes. Mais ce qui définit cette personne n'est pas seulement sa libido débordante. C'est son éthique qui la rend paradoxalement plus digne que la fille rangée ou le papa marié. Car, en tant que « salope », elle a appris à se méfier des fausses conventions. Elle est honnête. Elle se met à nu pour rencontrer l'autre, tous les autres : « Selon moi, il n'y a pas de problème à faire l'amour avec tous ceux que l'on aime parce que je pense qu'il est possible d'aimer tout le monde [24]. »

C'est précisément ici que le chemin des salopes éthiques se sépare de l'« internationale sagouiniste ». Pour elles, toute recherche d'un standard prédéfini est en soi vouée à l'échec, dans un sens ou dans l'autre : « Si votre liste ressemble à une fiche technique : genre, âge, poids, taille, couleur de peau, mode vestimentaire, éducation, taille des seins, taille du pénis, préfé-

24. Dossie EASTON et Janet W. HARDY, *La Salope éthique*, Tabou éditions, Milly-la-Forêt, 2013, p. 40-41.

rences sexuelles… nous vous soupçonnons de vouloir baiser un fantasme et non pas une personne en chair et en os. » La même pulsion anarchiste traverse les salopes et les camarades amoureux. Mais sa version américaine contient une haute teneur en liberté et en spiritualité.

Les auteures se séparent radicalement de ce qu'elles appellent les salopes non éthiques, à commencer par la figure du collectionneur (leur antithèse mâle). Lui a pour principe de conquérir le genre de personne qui remplit sa propre liste de critères préétablis, ce qui revient à se chercher soi-même à travers l'autre. De quoi sommes-nous fiers lorsqu'on pense avoir couché avec quelqu'un de beau ? De nous, de notre talent de séducteur, de notre regard d'expert[25].

Tout au contraire, se connecter spirituellement est le véritable but, et le sexe sans discrimination physique en est le moyen. Car « le sexe est l'expression tangible d'une série de phénomènes qui n'ont aucune existence physique : l'amour et la joie, l'émotion profonde, l'intimité, la connivence, la conscience spirituelle, le plaisir incroyable, l'extase transcendante[26]… ». Les salopes éthiques ouvrent toutes les possibilités, bisexuelles, polyamoureuses, etc., parce qu'elles absolutisent le plaisir sexuel au point de le transformer en extase, en une puissance impersonnelle et spirituelle. Elles marchent sur les pas d'autres militants *queer* comme Pat Califia, qui ont voulu lier le plus étroitement possible sexe et extase. « Le corps est comme l'expression "vous êtes ici" sur le plan d'une galerie marchande. C'est l'endroit d'où nous devons partir. Malgré notre mortalité, la chair est la seule voie possible pour entrevoir l'éternité. Désirer que quelqu'un nous touche est notre première protestation contre la solitude existentielle qui inexorablement mène la conscience humaine[27]. »

25. *Ibid.*, p. 106
26. *Ibid.*, p. 327.
27. Pat Califia, *Sexe et utopie*, La Musardine, Paris, 2008, p. 191.

Autant se l'avouer tout de suite, *La Salope éthique* est un livre de développement personnel qui fonctionne comme beaucoup d'autres sur une promesse d'émancipation par rapport aux anciennes croyances et d'accès à un bonheur paradisiaque tout proche, touchant ici-bas à l'infini : « Beaucoup de gens croient, consciemment ou non, écrivent les deux auteures, que nos capacités pour l'amour romantique, l'intimité et les liens affectifs sont limitées, qu'il n'y en aura jamais assez pour tout le monde et que ce que l'on donne à l'un doit forcément être retiré à l'autre. [...] Nous sommes convaincues que la capacité humaine pour le sexe, l'amour et l'intimité est bien plus grande qu'on ne le croit, voire infinie [28]. »

Je ne suis pas sûr de bien savoir faire la différence entre ce genre de déclarations (qui mêlent sexe, amour et liens en tout genre) et quelque chose comme un énième credo de secte *new age*. Lire ces lignes revient pour moi à fermer les yeux et à imaginer des constellations mauves et orange en train de forniquer sur un poster dans une salle de massage. La conviction des salopes éthiques est ancrée dans la définition du plaisir comme une expérience de dépersonnalisation, d'extase. Elles ont une définition mystique du plaisir. Alors que la douleur me ramène à mon corps, le plaisir le plus intense aurait la propriété morale sublime d'anéantir l'ego.

D'autres auteurs moins *new age* dessinent un chemin similaire. Léo Bersanti emprunte la même voie, en parlant du sexe comme néantisation de soi. Citant Bataille, Foucault et Freud, il explique que le plaisir sexuel aurait pour essence de survenir lorsque « l'organisation du moi est momentanément troublée par des sensations ou des processus affectifs d'une façon ou d'une autre "au-delà" de ceux en rapport avec l'organisation psychique [29] ». Le véritable plaisir inclurait donc

28. *Ibid.*, p. 41-42.
29. Léo Bersani, *Sexthétique*, Epel, Paris, 2011, p. 52-53.

une forme de passivité et de souffrance (le résumé parfait d'une séance masochiste dans un donjon au fin fond d'un grand château moyenâgeux dans le sud de la France). Mais à l'extrémité de cette souffrance apparaîtrait un moment d'indifférenciation libérateur. Le plaisir sexuel apparaît lorsque « l'opposition entre plaisir et douleur devient non pertinente » et que « le sexuel émerge comme jouissance d'une dissolution des limites, comme une souffrance extatique »[30].

Si le plaisir sexuel est effectivement extatique, il gagne alors une dimension transgenre, transsexuelle, *queer*. Car aucun corps en particulier, aucune beauté n'est requis pour le goûter. Il n'y a qu'un seul impératif pour participer à cette sorte de sexualité *queer* dégénitalisée et non binaire : sentir quelque chose et savoir comment on le ressent. La sexualité BDSM suppose prioritairement d'avoir des corps qui sentent, qui sont même plus sensibles et plus vulnérables que d'autres. Le douillet ou la douillette, ceux qui jouissent lorsqu'on leur souffle simplement sur les tétons seraient les grands gagnants de cette redistribution des biens sexuels.

La philosophie des salopes éthiques est la plus prometteuse des nouvelles éthiques sexuelles disponibles en librairie. Elle résout bon nombre des difficultés liées à l'abondance sexuelle, et le tout sans passer par la case sexiste. Schopenhauer, Freud et d'autres anarchistes sexuels imaginaient une critique du mariage monogame en prônant une polygynie masculine et seulement masculine. Les salopes éthiques sont les premières à penser une solution égalitaire ne se fondant pas sur une différence sexuelle supposée justifier une asymétrie entre un homme semeur de sperme et une femme dédiée à la maternité.

Mais elles surfent encore sur l'ambiguïté des débuts pour échapper à des éclaircissements nécessaires. Elles entremêlent

30. *Ibid.*, p. 53.

des principes opposés : une abondance capitaliste comme leitmotiv d'un côté, et la destruction du principe de possession de l'autre ; une liberté sexuelle fondée sur la recherche de l'extase sexuelle totale d'une part et une réflexion sur les limites que les amants doivent apprendre à négocier d'autre part. Ces ambiguïtés n'empêcheront sans doute personne de tenter l'aventure du polyamour. Mais, comme un chat se sentant obligé d'aller fouiner dans les boîtes en carton, dès que je renifle une tentative de pensée systématique, je ne peux pas m'empêcher d'en chercher les contradictions.

Les écueils notés par les salopes éthiques sont : 1) la jalousie ; 2) la collection des plans cul ; 3) le non-respect des règles édictées au sein des relations polyamoureuses. Leur éthique sexuelle repose donc sur au moins deux sources d'obligations, liées à la jouissance sexuelle d'un côté et au consentement de l'autre.

1. La personne jalouse enfreint le principe de jouissance, puisqu'elle réclame la privation de la jouissance de l'autre. Le jaloux ignore donc la dimension proprement extatique de la jouissance sexuelle. Même si un couple polyamoureux négocie et que parfois l'un des deux partenaires peut poser son veto, elles recommandent de ne pas bloquer la vie de l'autre par trop de refus [31].

2. La collection systématique des amants enfreint elle aussi le principe de jouissance, dans la mesure où il s'agit en réalité d'une fausse jouissance. C'est à mon avis l'un des meilleurs arguments des salopes éthiques : les collectionneurs – et les collectionneurs seulement – ne sont en fait que des masturbateurs se servant du corps de l'autre. Un lacanien pourrait me hanter jusqu'à la fin de mes jours pour n'avoir pas cru que c'est probablement toujours le cas.

3. Une large partie de la vie polyamoureuse consiste à négocier différents genres de relations. La difficulté provient

31. Dossie EASTON et Janet W. HARDY, *La Salope éthique*, *op. cit.*, p. 248.

du non-respect de ces règles. Ces règles de polyamour décidées par les différents polyamoureux relèvent évidemment de la plus pure philosophie libérale du consentement, qui dérive toute obligation d'un contrat préalable passé entre les participants (laissant éventuellement de côté les conditions injustes qui ont conduit au supposé contrat).

Les deux sources de cette éthique, libérale et libertaire, peuvent entrer en conflit, mais la solution des auteures consiste à faire primer la jouissance sur les règles, ceci parce que la jouissance de la salope éthique est conçue comme altruiste et extatique. Les contrats, les règles sont surtout utiles à l'apprentissage, notamment si l'un des deux partenaires est plus frileux ou a plus de mal à communiquer ses propres désirs. C'est un pis-aller, à tolérer de façon transitoire : on peut hésiter, mal se connaître et mettre du temps à accepter la force cosmique de ses propres pulsions sexuelles.

Mais que se passe-t-il dans le cas de deux salopes pleinement maîtresses d'elles-mêmes ? Un contrat serait-il encore utile ? En théorie, tous les contrats devraient être nuls et non avenus une fois que la salope atteint un degré de maturité sexuelle suffisant. Ni moi ni mon partenaire ne devrions ressentir de jalousie, et l'extase sexuelle pourrait alors cheminer librement à travers les corps, éveiller les consciences et servir à préparer la prochaine paix mondiale autour d'un plat de cookies géant.

Car une vraie salope ne manque jamais de rien. En effet, selon cette doctrine, l'amour et le sexe ne doivent pas suivre les règles de l'« économie de la famine » : « Certaines personnes penseront que si vous aimez Paul vous devez moins aimer Marie, ou que si vous êtes très impliqué dans votre relation avec un ami ça signifie que vous l'êtes forcément moins avec votre partenaire [32]. » En bref, certains croient que l'amour est une quantité qui ne peut pas se partager sans se perdre, pas

32. *Ibid.*, p. 82.

comme un gâteau. Les salopes éthiques croient au contraire en la nature intensive et dynamique de la libido : plus on s'en sert, plus on en a.

Leur définition de la jouissance comme extase est donc potentiellement le point où le droit libéral s'effondre, le moment où la fausse liberté se révèle et où les anciens contrats sont déchirés. Les vraies salopes n'ont pas besoin de répondre prioritairement aux règles du droit, et encore moins de l'égalité comptable : elles critiqueraient un monde de monogamie renforcée ou de biens sexuels redistribués équitablement. Elles jouissent plus, désirent plus et entrent en communion avec l'esprit de l'univers *via* des giclées de cyprine. Leur valorisation du plaisir a une portée dionysiaque et chaotique qui ne nécessite dans l'absolu plus aucune justification par des contrats.

Mais, à la différence d'un certain marquis, elles ne se réclament pas pour autant d'une cruauté et d'un égoïsme érigés en seuls véritables principes. Elles n'organisent pas des bacchanales où l'on finirait par manger le cœur des participants. Leur point de désaccord avec Sade n'est pas sur le nombre de fois où on peut jouir en souffrant, mais plutôt sur la dimension égoïste ou altruiste de la jouissance. Grâce au sexe, les salopes éthiques estiment jouir d'un lien intime, d'une connexion spirituelle et amoureuse avec l'amant. Mais c'est là, à mon avis, que leur système s'effondre.

Après tout, l'idéal d'une relation sexuelle extatique peut tout aussi bien justifier un discours parfaitement monogame dans les canons de l'amour idéal. Leur erreur est de croire que la force extatique du sexe vaut dépassement de toutes les contradictions.

Je crois plutôt que l'on s'économise du temps en reconnaissant d'emblée que la pulsion sexuelle est dénuée de toute dimension éthique intrinsèque. Baiser en soi ne rend pas meilleur. Rien dans la pulsion ne conduit magiquement à annuler les égoïsmes, les fétichismes ou les abus. Le sexe n'est pas propre. Le sexe n'est pas intrinsèquement bon moralement. Se convaincre du contraire par l'hypothèse d'une expérience mystique me plaît quand il s'agit de science-fiction. Mais même des prêtresses bisexuelles polyamoureuses non binaires aussi féroces que celles de l'ordre Bene Gesserit de *Dune* (ce chef-d'œuvre de SF des années 1960-1970) n'utilisaient pas le sexe pour rendre les Atrides moins belliqueux. En la matière, elles poursuivaient plutôt un agenda eugéniste.

Je ne crois pas qu'une partie d'entre nous, salopes, soyons doué.e.s de tels pouvoirs, tandis que la femme mariée s'embourberait dans des enquêtes sans fin pour savoir si son mari la trompe. La décision d'être éthique commence par reconnaître la part non sexuelle de son activité sexuelle. Plutôt que de nier ce moment ambigu au nom d'un plaisir supérieur ou d'une vérité mystique, on devrait donner à cet à-côté du sexe sa vraie dimension morale. Non seulement parce qu'on peut y faire des choix éthiques selon ses propres principes, mais parce qu'on y négocie ensemble une façon commune d'agir.

Sur l'écran de chargement de Growlr apparaissent une petite tête de nounours et ce slogan : « *Flirt globally, hook up locally* », « Flirtez global, baisez local ». La formule de Growlr est un dérivé de la formule du célèbre urbaniste et naturaliste écossais Patrick Geddes (lui-même arborant une barbe dense et soyeuse) : « Pensez global, agissez local. » L'idée était que, pour « bien agir » là où nous sommes, nous devons envisager la chaîne entière des effets que nous pouvons provoquer à l'échelle de la planète. Appliquée à la drague en ligne, la formule dessine l'espoir de choper n'importe où sur le globe. L'offre sexuelle s'étend au point que l'on puisse désirer coucher virtuellement avec n'importe qui dans le monde entier.

Cette promesse de flirt mondial construit aussi une utopie sexuelle à laquelle chaque utilisateur est relié. Pour nous en convaincre, Growlr propose une mosaïque de visages et de torses de différentes régions du monde. Vous voyez alors apparaître toutes les personnes connectées simultanément partout sur la terre. Notre désir très local entre de cette façon en résonance avec les flux d'orgones qui parcourent atmosphériquement la planète.

L'emblème pop le plus abouti de cette utopie est sans conteste la série *Sense8*, portée par les sœurs transgenres Wachowski. Aucun qualificatif militant ultra-pointu façonné dans les débats idéologiques et universitaires ne suffirait pour décrire la série : *queer*, intersectionnelle, inclusive, non binaire... Chacun des huit personnages ressent en direct ce que les autres éprouvent. Les scénaristes ne se donnent pas beaucoup de mal pour justifier l'existence de ces personnages hors du commun. La raison est tout simplement l'évolution naturelle de l'humanité. L'être humain n'est pas seulement un monstre d'égoïsme et de rapacité. Nous aurions un autre ancêtre, aux capacités empathiques démultipliées : l'*Homo sensorum*. Un autre monde serait donc possible, hédoniste, globalisé et pacifique. Les héros de la série sont doués de cette empathie amplifiée. Ils sont des *Homini sensorum* – à la fois l'état originel de l'humanité et son avenir proche.

Dans ce dispositif, chaque personnage occupe la place du spectateur pour les sept autres. L'*Homo sensorum* devient donc spectateur, et le spectateur devient *Homo sensorum* en frémissant pour chacun d'entre eux. Avec un peu d'enthousiasme pop, on en déduirait presque que l'utopie des sœurs Wachowski se réalise simplement en la regardant. Les scènes clés (souvent des combats ou des scènes de sexe) produisent de véritables tableaux où les gestes et les émotions se déclinent et se renforcent en traversant chacun des corps, lieux et états de conscience du *cluster* (c'est-à-dire l'agrégat sensoriel que forment les huit protagonistes).

La série parvient à ouvrir un mode d'être typiquement LGBTQI au monde hétérosexuel et à l'embarquer dans des romances transculturelles et orgiaques. Savoir qui a commencé les orgies en premier, des gays ou des hétéros, n'est plus tellement le sujet, dès lors que vous convenez que vous avez tous quelque chose à y faire. Cette idéologie cosmo-sexuelle est si assumée que le refus de l'orgie dénote immanquablement la psychologie des méchants qui, eux, voient un danger dans cette unité transnationale et transsexuelle d'un nouveau genre.

On a souvent prédit que le monde libéral dissoudrait toutes les idéologies. Pourtant, celle-ci reste bien vivante, aussi giclante et multicolore que le gode ceinture de l'épisode pilote. Les applications de drague sont l'incarnation technologique de la promesse de *Sense8*. Connectés partout, baisables partout, à deux ou tous à la fois. Quel genre d'utopie se construit ainsi ? En tentant une généralisation abusive, on pourrait dire que le désir y révèle sa composante intrinsèquement exotique, orgiaque et publique. Vous dites bonjour à un pompier de Washington, vous vous couchez en parlant BDSM avec un Japonais. Mais là où, dans la série, chaque personnage noue connaissance avec ses *alter ego*, nous restons, nous, sur ces applications, de simples ego, peu empathiques, prêts à rompre le lien à tout moment. Une fois épinglé sur la mosaïque qui s'affiche à l'écran, l'Autre avec un grand « A » devient un autre avec un petit « a », un autre comme les autres, qui peut vous snober ou vous répondre qu'il ne parle ni français ni anglais. À force de voir son profil perdu dans la grille, l'un des utilisateurs de Growlr a nommé le sien « *Just another thumbmail* » (Juste une autre vignette). On est loin de la vision d'un monde empathique, unifié et hédoniste. On s'en éloigne même plutôt, tel un ours polaire flottant sur son dernier morceau de banquise.

6. POUR UNE ÉCOLOGIE SEXUELLE

> Back to nature, just human nature…
> I think I'm done with the sofa
> I think I'm done with the hall
> I think I'm done with the kitchen table, baby
> Let's go outside (let's go outside)
> In the sunshine.
>
> George MICHAEL, *Outside* (1998).

Selon la vulgate freudienne, on n'est pas deux dans le lit, mais six, car chacun apporte avec soi les spectres de son père et de sa mère. Il serait plus juste d'admettre carrément que le lit accueille une nuée de flamants roses. Car, tout comme eux, notre vie sexuelle est grégaire.

> La sexualité de ces oiseaux, rappelle le biologiste Thierry Lodé, a besoin de la foule. […] Il faut d'abord une agrégation ordinaire d'une centaine de membres pour que commence la cérémonie des passions. Alors, dès que l'assemblée montre son importance, les mâles se déhanchent et remuent la tête en un ballet des plus excentrique. La danse paraît même burlesque, mais néanmoins synchronisée au sein d'un groupe d'une vingtaine à plus d'une cinquantaine de prétendants. Les oiseaux calquent toujours leurs entrechats sur les autres. À croire que seule cette gymnastique rythmique groupée leur apporte la hardiesse sexuelle indispensable. C'est pourquoi les zoos s'obligent à duper les flamants. Entre autres subterfuges, l'adjonction de miroirs, accompagnée de haut-parleurs, multiplie leur image et fabrique la foule, illusoire certes, mais nécessaire à la tendre entreprise. Ce n'est qu'en se voyant ensemble que les flamants tombent amoureux. Le flamant ne demeure jamais seul. La vie des espèces ressemble à l'amour

des flamants roses. Chacun a besoin du miroir des autres pour exister vraiment[1].

Le film *Old School* fournit une illustration magistrale de la transposition de ce modèle aux humains. La sexualité de jeunes trentenaires mariés, anciens mâles alpha en vue lorsqu'ils étaient étudiants, se trouve bouleversée par une soudaine modification de leur environnement. Un de leurs amis s'est fait larguer et, pour lui remonter le moral, nos héros achètent une maison sur le campus. C'est une renaissance. Ils retrouvent leur sexualité mutualiste d'antan. Tout comme les flamants roses – mais en buvant plus de bières qu'eux –, ils n'engagent la parade qu'en groupe et courent nus sur les pelouses.

Kathleen Bogle estime que l'on change de comportement sexuel moins en fonction de l'âge qu'en fonction de l'appartenance à une communauté autorisant tel ou tel type de script sexuel :

> Les anciens élèves que j'ai interviewés ont participé à la culture du plan cul (*hook up scene*) à l'université ; après l'obtention du diplôme, ils ont commencé à suivre le script des rendez-vous galants (*dating script*) parce que les facteurs environnementaux qui soutenaient la culture du plan cul avaient disparu. Cela ne signifie pas qu'ils n'ont plus jamais eu de plan d'un soir après le diplôme. En réalité, il existait des circonstances qui imitaient la vie du campus pendant lesquelles ils pouvaient revenir à la culture du plan cul[2].

La notion de communauté n'est pas seulement un outil marketing en vogue, c'est un prérequis pour la culture du plan

1. Thierry LODÉ, *Pourquoi les animaux trichent et se trompent. Les infidélités de l'évolution*, Odile Jacob, Paris, 2013, p. 275. Thierry Lodé défend la thèse des bulles libertines, c'est-à-dire « la théorie matérialiste qui énonce que les relations, dont les relations sexuelles, se sont élaborées à partir d'interactions archaïques dérivées du métabolisme cellulaire primitif, et que la sexualité est indépendante de la reproduction ». Le mutualisme est donc la première tendance sexuelle, puisqu'elle précède la différenciation sexuelle. *Ibid.*, p. 310.
2. Kathleen BOGLE, *Hooking Up*, *op. cit.*, p. 150.

cul. On ne s'étonnera donc pas de retrouver ce mot répété comme un mantra sur toutes les pages de présentation des sites ou applications de drague.

Les membres d'Attractive World se font ainsi une véritable fierté d'appartenir à une communauté socialement homogène qui n'est pas sans rappeler les petits enfants blonds du *Village des damnés*. Les Awaïcns (ainsi qu'ils se nomment eux-mêmes) sont des « célibataires exigeants » – communauté dans laquelle « tout le monde est beau, tout le monde est gentil, tout le monde est riche, tout le monde est bac + 5 » et où « tout le monde a parcouru le monde entier »[3]. On n'entre dans cette communauté idéale que sur cooptation. Un organisateur de soirées awaïennes s'explique : « Je vote pour des gens qui me ressemblent. Alors c'est vrai que, si les personnes sont des employés, je refuse. Le vote, c'est une cooptation, finalement. Donc c'est vrai que c'est une sorte de concours. Et un concours, c'est discriminant. Si on veut rester homogène, il faut être sélectif et donc éliminer les gens qui sont trop différents. J'aime bien le concept de communauté[4]. » Provenant pour ma part d'une communauté un peu moins select, je ne suis pas sûr d'adhérer au programme de cooptation. Les pissotières sont plus démocratiques à mon goût[5].

Tous les espaces numériques ne sont pas si fermés. Quand on est un jeune utilisateur, on peut se faire expliquer les codes, quitte à surjouer son ignorance pour mieux entrer en contact. Mais ces méta-conversations portant sur le fait même de pouvoir se parler ne sont pas qu'un stratagème rhétorique. Elles permettent de s'assurer que l'autre a acquis une certaine

3. Bahar Makooi, « Célibataires exigeants », reportage cité.
4. *Idem.*
5. L'étude sur le « commerce des pissotières » dans les années 1960 par le sociologue Laud Humphreys expose les modes opératoires et les stratégies sociales des premiers plans cul gays. Voir Laud Humphreys, *Le Commerce des pissotières. Pratiques homosexuelles anonymes dans l'Amérique des années 1960*, La Découverte, Paris, 2007.

expérience, en somme de savoir à quel point il est connecté avec le reste de l'écosystème numérique et, *in fine*, de l'écosystème sexuel.

QU'EST-CE QU'UN ÉCOSYSTÈME SEXUEL ?

Tell me your identity
How do you I.D. ?
Lets's relate.

OF MONTREAL, *Let's Relate* (2016).

L'image de l'écosystème sexuel a été popularisée par la série *The L Word*, où Alice, la journaliste de la bande, consigne sur un tableau toutes les relations entre les protagonistes lesbiennes. Le schéma, qui apparaissait au générique, rappelait que tous les personnages étaient sexuellement connectés, à la façon des fameux « six degrés de séparation ».

Si je parle d'écosystème sexuel, je dois justifier ma métaphore. Le terme vient du grec *oîkos*, « maison » ou « foyer ». Il se réfère au milieu dans lequel se nouent des relations entre vivants. Mettre en avant le concept d'écosystème sexuel suggère que la maison ou la communauté est plus précieuse que les échanges secondaires qui s'y déroulent. Mais cette notion a aussi une dimension proprement biologique. L'écosystème en question comprend des individus, les célibataires qui le composent, mais aussi d'autres êtres vivants qui sont leurs compagnons de route, je veux dire les bactéries et les virus dont ils sont porteurs et qu'ils se refilent allègrement.

Chacun a accès à un écosystème sexuel plus ou moins « pollué ». Les gays auraient dix fois plus de relations sexuelles que les hétéros [6], mais leur écosystème sexuel est aussi plus

6. Moyenne mondiale : 108 partenaires par personne pour les gays dans le monde selon une étude réalisée pour Durex (Durex Global Sex 2012) contre 10,2 pour les hommes hétérosexuels et 6,9 pour les femmes hétérosexuelles (on a déjà critiqué ailleurs l'écart entre ces deux chiffres dû à un biais de déclaration).

risqué. On estimait à 17,7 % en 2015[7] la prévalence du VIH chez les homosexuels fréquentant les lieux de convivialité gay. Pour donner un ordre d'idée, la prévalence du virus du sida était en 2010 de 0,12 % chez les hétérosexuels en France. Pour les femmes trans de couleur et travailleuses du sexe, ce taux montait jusqu'à 45 %[8]. Il existe donc de très grandes inégalités entre les écosystèmes sexuels.

Pour cette raison, les différences écologiques sont plus importantes que les comportements individuels. Pour deux comportements similaires, vous n'aurez pas les mêmes risques selon l'écosystème où vous vous trouvez. Comme l'expliquait encore récemment la démographe Nathalie Bajos : « Il y a une différence selon les régions [...] ; ces infections sont beaucoup plus fréquentes dans certaines régions que dans d'autres. Et donc quand vous avez un rapport sexuel avec quelqu'un en Lozère vous avez statistiquement moins de risques de rencontrer un partenaire qui est porteur que quand vous avez un rapport sexuel avec une personne en Guadeloupe[9]. »

Aldo Leopold, penseur pionnier de l'éthique environnementale, a été l'un des premiers à conceptualiser les enjeux d'une pensée écosystémique, même s'il n'envisageait sans doute pas que cela puisse aussi un jour s'appliquer au sexe. Avant de devenir forestier, il a été chasseur. Un jour, le jeune Aldo fait quelque chose de relativement banal pour quelqu'un qui a un fusil et se balade en forêt au début du XXe siècle : il tue une louve, tire sur les louveteaux et finit par décimer la meute (« j'étais jeune à l'époque et toujours le doigt sur la gâchette[10] »). Mais, progressivement, faute de prédateurs, les cerfs se mettent

7. Étude PREVAGAY.
8. Sophie LHUILLIER, « CROI 2016 : l'infection VIH dans la population trans abordée pour la première fois », Sidaction. org, 26 février 2016.
9. Nathalie Bajos dans *L'Invité des matins d'été*, France Culture, 26 juillet 2018.
10. Aldo LEOPOLD, *Almanach d'un comté des sables*, Flammarion, Paris, 2000, p. 169.

à pulluler, ce qui a des effets très perceptibles : « J'ai vu le visage que prenaient bien des montagnes privées de loups, j'ai vu les adrets se rider d'un lacis de pistes de cerfs toutes neuves. J'ai vu les buissons et les jeunes plants broutés jusqu'à l'anémie puis jusqu'à la mort. »

Il en tire une conclusion : la préservation de la communauté biotique est plus importante que la préservation de tel ou tel individu ou telle ou telle espèce. Ayant moi-même, étant gamin, rêvé de sauver de l'extinction les lémuriens de Madagascar (devenu adulte, j'ai dû réviser mon fantasme écolo à la baisse : je me satisferais aujourd'hui de voir un récif corallien vivant avant que tous ne disparaissent), je souscris aisément aux leçons d'Aldo Leopold. Dans une éthique environnementale, le bien n'est pas défini par une intention ou par une utilité personnelle, mais d'abord par ce qui contribue à « préserver l'intégrité, la stabilité et la beauté de la communauté biotique [11] ».

Leopold rejette ce qu'il appelle l'« attitude du conquérant », selon laquelle l'homme croit se tenir en dehors de ce qui fait la communauté biotique. Si le conquérant est dangereux, ce n'est pas seulement pour les autres, c'est aussi parce qu'il « contient en lui-même sa propre défaite ». Le point de vue du conquérant-marchand est étriqué. Il finit par détruire la communauté qui constitue sa propre condition de possibilité, tout comme un jeune chasseur tue des loups en les croyant dépourvus de valeur.

Ce qui doit être préservé, c'est la diversité biotique elle-même – pas uniquement parce qu'elle est belle, mais parce qu'elle nous est indispensable si nous voulons vivre ou survivre. Je soutiens une thèse similaire au sujet de nos écosystèmes sexuels.

Nous ne connaîtrons jamais tous les liens sexuels qui se nouent entre les individus d'un même écosystème. Mais

11. *Ibid.*, p. 283

chercher à n'en valoriser que quelques-uns ou n'attribuer de valeur qu'à certains types d'individus (n'importe quel mannequin blond valant plus que tout autre individu) nous condamne à plus ou moins long terme. Si, par exemple, vous ne valorisez que les corps jeunes, devenant vieux, vous orchestrerez à plus ou moins long terme votre propre mise hors course.

On s'étourdit vite du nombre de liens sexuels qui peuvent se nouer. Mais, lorsque la lassitude finit par nous gagner, il faut se répéter la leçon de l'éthique environnementale selon Leopold : tant que l'on ne peut pas dresser un tableau complet des relations entre les éléments d'un écosystème – et il est très difficile de le faire –, la valeur que l'on attribue à ces éléments est nécessairement précaire car indécise. Mieux vaut alors se taire et contempler.

L'HÉRITAGE DE LA SYPHILIS

> Il règne ici une vérole splendide, américaine, aussi pure que du temps de François Ier. L'armée française, tout entière, est sur le flanc ; […] la chaude-pisse jaillit en jets purulents, et rivalise avec les fontaines de la place Navone ; des rhagades et des crêtes-de-coq pendent, en franges pourprées, au derrière des sapeurs, sapés dans leurs fondements ; les tibias s'exfolient en exostoses, comme des colonnes de vert antique dans une ruine romaine ; des constellations pustuleuses étoilent les deltoïdes de l'État-Major ; et l'on voit se promener par les rues, des lieutenants tachetés et mouchetés comme des panthères.
>
> Théophile GAUTIER, *Lettre à la présidente* (1850).

La prise de conscience de quelque chose comme un écosystème sexuel est aussi vieille que la syphilis. Cette maladie, avec laquelle on vit depuis plus de cinq siècles, a façonné notre conception de la sexualité. Nous avons oublié à quel point.

Le 18 juin 1495, à Barcelone, le médecin Nicolas Squillacio rend compte d'une maladie nouvellement apparue : « Le plus souvent elle commence par les parties honteuses avant de s'étendre à l'ensemble du corps. Ce mal contamine les pays voisins essentiellement par le contact entre l'homme et la femme. » Il est donc clair dès le départ qu'il s'agit d'une maladie sexuellement transmissible.

La syphilis trahit la persévérance de contacts sexuels libres en dépit de tout ce que la civilisation avait pu inculquer en matière de retenue matrimoniale. L'image la plus comique et la plus célèbre reste celle du vieux Pangloss, le philosophe du conte de Voltaire, *Candide*. La ronde des infectés devient l'objet essentiel de sa leçon sur l'amour :

> Ô mon cher Candide ! vous avez connu Paquette, cette jolie suivante de notre auguste baronne ; j'ai goûté dans ses bras les délices du paradis, qui ont produit ces tourments d'enfer dont vous me voyez dévoré ; elle en était infectée, elle en est peut-être morte. Paquette tenait ce présent d'un cordelier très savant qui avait remonté à la source, car il l'avait eu d'une vieille comtesse, qui l'avait reçu d'un capitaine de cavalerie, qui le devait à une marquise, qui le tenait d'un page, qui l'avait reçu d'un jésuite qui, étant novice, l'avait eu en droite ligne d'un des compagnons de Christophe Colomb. Pour moi, je ne le donnerai à personne, car je me meurs.

La thèse de l'origine américaine de la syphilis a été contestée en ce qu'elle semblait représenter le fantasme d'un mal barbare, lié à l'exotisme des terres nouvelles. Mais les analyses génétiques montrent qu'il n'y avait aucun cas connu en Europe avant 1495 et que le tréponème pâle est une bactérie originaire d'Amérique[12]. L'épidémie de syphilis est donc à la mesure de la capacité nouvelle des humains à se déplacer autour du globe. Il s'agit d'une épidémie mondiale, où pour la première fois se connectent des écosystèmes sexuels distants de milliers de kilomètres.

L'armée française de Charles VIII entre à Naples en février 1495. À chaque étape de leur périple, les soldats ont

12. Sarah GIBBENS, « Sciences : nouveaux indices sur les origines de la syphilis », *National Geographic*, 22 juin 2018.

mené une vie de débauche, notamment à Rome. Une foule de prostituées et de gueux a suivi leur progression. À Naples, les Italiens et les Français ont soudain autre chose à se raconter que des bonnes histoires de guerre ou de ripaille. Leur rapprochement politique a gagné une dimension supplémentaire : une maladie est apparue dont chacun rejette la responsabilité sur l'autre : mal français pour les Napolitains, mal de Naples pour les Français. Pour les Anglais aussi, le mal est français (*french pox*) ; pour les Moscovites, en revanche, le fléau est polonais ; pour les Flamands et les Hollandais, il est espagnol ; pour les Portugais, il est castillan ; et pour les Japonais, il est portugais. Chacun reporte sur l'autre la faute au moment où la maladie les réunit.

Sur le chemin du retour, l'armée royale a propagé ce qu'on a vite appelé une « vérole » (terme un peu générique pour l'époque) et qu'on a appelé beaucoup plus tard la syphilis [13]. En trois ans, l'Europe entière est infectée.

Longtemps, la médecine n'a disposé d'aucun remède efficace contre la syphilis. Les symptômes disparaissent et évoluent au cours du temps, ce qui laisse croire à ceux qui l'ont contractée qu'ils sont guéris. Que fait alors le libertin ? Il nie et il bombe le torse. Casanova joue les bravaches en faisant passer les indurations, les chancres et autres papules syphilitiques pour des signes de virilité : « Le mal que nous appelons français n'abrège pas la vie, quand on sait s'en guérir ; il laisse seulement des cicatrices ; mais on s'en console facilement quand on pense qu'on les a gagnées avec plaisir, comme les militaires qui se plaisent à voir les marques de leurs blessures, indices de leur vertu et sources de leur gloire [14]. » À sa suite, Flaubert et

13. Du nom du poème de Fracastor de 1533, *Syphilis Sive Morbus Gallicus* (La syphilis ou le mal français). Le poème a remporté un tel succès qu'on a nommé ainsi la maladie d'après le nom du personnage principal : Syphilus, berger frappé du mal vénérien pour avoir offensé le dieu du soleil.
14. Giacomo CASANOVA, *Histoire de ma vie*, édition intégrale, Brockhaus, Plon, 1960.

Maupassant s'en font une fierté, parce qu'ils sont persuadés qu'ils n'en mourront pas. Flaubert se vante auprès d'un ami : « Ah ! tu as ri, vieux gredin, hôte perfide, de mon infortuné braquemart. Eh bien, sache qu'il est guéri pour le moment. À peine s'il reste une légère induration, mais c'est la cicatrice du brave. Ça le rehausse de poésie. On voit qu'il a vécu, qu'il a passé par des malheurs. Ça lui donne un air fatal et maudit qui doit plaire au penseur [15]. » Flaubert serait mort des suites de sa syphilis, comme Charles Baudelaire ou Alphonse Daudet.

Quant à Maupassant, l'affaire est entendue. Seize ans avant de mourir, il confie : « J'ai la vérole ! Enfin ! La vraie ! pas la méprisable chaude-pisse, pas l'ecclésiastique cristalline, pas les bourgeoises crêtes-de-coq ou les légumineuses choux-fleurs. Non, non, la grande vérole, celle dont est mort François Ier. La vérole majestueuse et simple ; l'élégante syphilis [...] et j'en suis fier, morbleu et je méprise par-dessus tout les bourgeois. Alléluia j'ai la vérole, par conséquent je n'ai plus peur de l'attraper et je baise les putains des rues, les rouleuses des bornes et après les avoir baisées je leur dis : "J'ai la vérole." Et elles ont peur et moi je ris [16]... » Le côté gros con de Maupassant dans ses lettres correspond à son côté gros con dans la vie. Il viole sa maîtresse [17], il contamine des prostituées qui en paieront le prix et seront chassées de leur bordel. Lui reprendra son traitement quand bon lui chante. Maupassant sait qu'il contamine puisqu'il en jouit, mais il semble jouir aussi de se percevoir comme une exception métabolique, un gaillard en bonne santé, capable de foutre tout ce qui bouge.

La syphilis a créé une véritable panique dans l'Europe moderne. L'évidence de sa non-disparition commence à trahir l'inefficacité des remèdes. On a beau enfermer les vénériens

15. Lettre à Camille Rogier, 11 mars 1851.
16. Lettre à Robert Pinchon dit la Tôque, 2 mars 1877.
17. Épisode rapporté dans le journal des Goncourt (année 1891, dimanche 1er février).

aux Petites Maisons, à Bicêtre et autres « Bastille des vérolés », la médecine reste impuissante. Et alors même que s'invente au XVIIIe siècle un moyen prophylactique sûr, le « condom », c'est-à-dire le préservatif (alors confectionné en intestin de mouton), qui aurait pu bouleverser la sexualité plusieurs siècles avant le sida, on hésite à le prescrire. L'Église condamne ce condom, comme plus tard au moment du sida. Casanova, syphilitique, en avait tout de même commandé une douzaine.

Au XIXe siècle, une question inquiétante se met à tarauder la bourgeoise : et si la syphilis se transmettait de génération en génération, finissant par rendre les familles « avariées » ? Comme l'explique l'historien Alain Corbin, la syphilis se met alors à « matérialiser l'anxiété que le bourgeois nourrit à l'égard de sa lignée [18] ». Le dermatologue Alfred Fournier conçoit l'hypothèse d'une « hérédosyphilis », une syphilis congénitale. Au-delà de la transmission par contact cutané au moment de l'accouchement (qui est réelle), il croit en une maladie héréditaire qui devient l'« un des facteurs les plus actifs et les plus rapides de la dégénérescence humaine [19] ». Dans la sexualité se joue désormais l'avenir de la famille, de la nation et de la race.

Antérieurement, dans une perspective religieuse, l'incontinence sexuelle n'affectait que le salut de celui qui s'adonnait à la luxure. Avec la peur médicale de la dégénérescence, la débauche individuelle devient un problème de responsabilité collective. Stefan Zweig raconte qu'à Vienne, au début du XXe siècle, certains jeunes se suicidaient dès qu'on leur annonçait le diagnostic. Car le destin de la civilisation reposait au bout de leur sexe.

Pour la bourgeoisie, analyse Alain Corbin, « la responsabilité morale de l'individu dépasse de beaucoup le cadre de sa propre destinée. Sa conduite lui est dictée par un destin génétique à long

18. Alain CORBIN, « L'hérédosyphilis ou l'impossible rédemption. Contribution à l'histoire de l'hérédité morbide », *Romantisme*, 1981, n° 31, p. 131-150.
19. *Idem.*

terme […], le jeune homme est d'abord un porte-graine. Le souci de préserver la semence s'identifie à celui de conserver la pureté morale. Le morbide et l'immoral se trouvent indissolublement liés et la maladie-châtiment ne fait bien souvent que sanctionner un contact impur avec le peuple[20] ».

Le père de famille étant accusé d'apporter la syphilis par la fréquentation des prostituées, commence alors la traque de tout contact impur avec ce peuple « avarié ». Cela implique la création de dispensaires mais surtout des réglementations exigeant des rafles et le dépistage systématique des prostituées, ainsi que l'enfermement de toutes les contaminées dans des hôpitaux-prisons, comme à l'ancienne prison Saint-Lazare. Ces efforts d'hygiène publique ont plus tard culminé sous Vichy, où l'idée d'une purge antisyphilitique faisait écho idéologiquement à une purification générale de la nation.

La syphilis n'a jamais complètement disparu. Mais les efforts, y compris les plus hygiénistes, pour la combattre ne sont pas étrangers aux réactions face au sida quelques décennies plus tard. Un slogan comme « le sida ne passera pas par moi » qui a bercé ma jeunesse répète au fond ce que Voltaire faisait dire à Pangloss décrivant la ronde d'une syphilis passant d'un corps à un autre.

CE QUE PEUT UNE COMMUNAUTÉ : LES LEÇONS D'ACT UP

> All of the people around us they say
> Can they be that close ?
> Just let me state for the record
> We're giving love in a family dose.
> We are family.
> I got all my sisters with me.
>
> Sister Sledge, *We Are Family* (1979).

La vieille peur bourgeoise d'une contamination de la société par ses bas-fonds, cette terreur héritée du temps de la syphilis, s'est réveillée au moment de l'épidémie de sida. Beaucoup crai-

20. *Idem.*

gnaient que ceux qu'on a appelés les « 4H » – les homosexuels, les Haïtiens, les héroïnomanes et les hémophiles – finissent par gangrener toute la communauté nationale. Dans les années 1980, certains, et pas seulement à l'extrême droite, envisagent l'internement des malades dans des « sidatoriums », le fichage des séropositifs, leur mise à l'index dans des listes publiques…

À la panique morale répondaient des films comme *Les Nuits fauves* (1992) qui essayaient de prendre le parti romantique totalement idiot de la séroconversion volontaire au nom de l'amour. D'autres films ne lésinaient pas sur la figure criminelle du marginalisé vengeur. C'était le rôle de Hazelle Goodman dans la scène d'ouverture du film *Hannibal* (2001) Au moment de son arrestation, la trafiquante de drogue noire se retourne et contamine les agents du FBI avec une aiguille infectée cachée dans ses cheveux. Les cheveux d'une femme noire séropositive suffisaient à mettre en déroute les agents de l'ordre blancs… Aujourd'hui, une telle scène passerait pour un cliché raciste. Mais, tout à coup, elle faisait porter le stigmate du VIH à de gentils agents du FBI. Ce qui était en question était le redécoupage des allégeances communautaires.

Avant le début de l'épidémie de sida, les communautés sexuelles pensaient avoir de vraies frontières, imperméables. On croyait même que le virus allait suivre le tracé naturel de ces communautés et que l'on pouvait isoler ceux qui tentaient de les traverser. C'était impossible.

Comme dans les films contemporains sur les épidémies zombies ou les contaminations mondiales, tout est parti au départ d'un événement minuscule et anodin. Ce qui l'est moins, c'est l'exportation de ce virus au-delà de toutes les frontières, y compris interespèces. On sait que le virus est passé au moins treize fois du singe à l'homme avant d'être de nouveau transmis à l'homme une ultime fois autour de 1920 [21].

21. Jon COHEN, « Early AIDS virus may have ridden Africa's rails », *Science*, vol. 346, n° 6205, 3 octobre 2014, p. 21-22.

Le VIH s'est ensuite trouvé emporté et aspiré par toute la logistique coloniale et commerciale à travers l'Afrique, le long de la voie fluviale jusqu'à Kinshasa, puis le long des voies ferrées. Ce qui est extraordinaire donc, c'est la facilité avec laquelle ce rétrovirus est sorti d'un groupe de population minuscule et a soudain été jeté à travers toutes les communautés et réseaux sexuels de la planète – réseaux sexuels dont personne n'imaginait qu'ils étaient connectés.

Léo Bersani, dans *Le Rectum est-il une tombe ?*, décrypte en 1998 le message qui était selon lui porté inconsciemment par les gays au moment de cette épidémie : « La promiscuité, pour laquelle nous sommes si justement célèbres, est inhérente au sexe. Le sexe peut être n'importe quoi, et n'importe où. En effet, nous allons partout pour notre jouissance : partout sur – et dans – le corps, partout dans une exaltante drague mondiale. Exaltation mêlée d'effroi car, depuis le sida, on voit que cette jouissance qu'on n'arrive ni à fixer ni à dire peut quand même tuer. Le sexe déborde dans la mort ; ce qui n'était jusqu'ici qu'un *topos* littéraire est devenu une réalité biologique, un spectacle quotidien sur la scène publique[22]. » Autrement dit, les frontières sexuelles rêvées n'existent pas. Même si on peut imaginer que les gays sont les messagers de cette promiscuité universelle, la vérité du message ne se limite pas au porteur. L'épidémie de sida annonçait que la promiscuité sexuelle est la condition de l'être humain.

En acceptant cet état de fait, on aurait pu en conclure que la morale communautaire vivait ses derniers jours. Très vite, au contraire, une autre réponse politique a été trouvée : faire de la communauté gay une avant-garde politique.

L'une des premières associations de lutte contre le sida, AIDES, déshomosexualisait le sida. Le pari de Daniel Defert, à l'origine d'AIDES, était qu'il fallait mettre en avant l'uni-

22. Léo Bersani, *Le Rectum est-il une tombe ?*, Epel, Paris, 1998, p. 17.

versalité du risque pour mieux combattre l'épidémie. Didier Lestrade, l'un des fondateurs d'Act Up Paris, refusait quant à lui cette démarche. Il reste à ce titre mon héros personnel. À la différence d'AIDES qui s'efforçait de dissocier homosexualité et sida, il posait une autre question : « Comment montrer que ces personnes décédées sont toutes des homosexuels [23] ? »

Act Up a donc assumé de dire publiquement à la fois la séropositivité et l'homosexualité, revendiquant l'appartenance à une communauté. Une communauté qui n'est pas une simple communauté. Car Act Up est aussi exemplaire en ce sens que d'autres, non séropositifs et non homosexuels, peuvent s'y joindre. « Le dicton actupien veut que "nous soyons tous séropositifs". Chaque militant séronégatif qui participe à une action d'Act Up ou qui porte ostensiblement dans le métro un T-shirt de l'association est forcément pris pour un séropositif (nous ferons même un badge qui aura beaucoup de succès : "Personne ne sait que je suis séropositif") [24]. »

C'était une position téméraire, puisque le stigmate se déportait potentiellement sur une communauté plutôt que d'être esquivé par une éthique universaliste adressée à la société tout entière. Ce communautarisme a joué un rôle politique et éthique décisif. Mal compris, cela aurait signifié que le sida ne concernait pas tout le monde. La ligne actupienne a été maintenue en affirmant qu'il n'y avait pas de *personnes* à risques, seulement des *pratiques* à risques. Même si ces pratiques sont majoritairement homosexuelles (la pénétration anale passive est la plus risquée des pratiques sexuelles), cela n'empêchait pas de fédérer quelque chose de plus vaste. C'était la réalité même de l'épidémie qui commandait cette réponse, à partir du double constat que si tout le monde n'était pas également touché, cela ne se limitait pas à sa propre communauté :

23. Didier LESTRADE, *Act Up, une histoire*, Denoël, Paris, 2000, p. 42.
24. *Ibid.*, p. 83.

> Ce fut précisément sa victoire de déborder hors de ses limites naturelles, de faire en sorte que des hétérosexuels se trouveraient bien dans un groupe dirigé par des pédés, qui d'ailleurs n'avaient pas préparé l'arrivée de tant d'hétéros. Ces derniers ont complètement intégré le discours de l'homosexualité et de la prévention. Que des hétéros soient arrivés à Act Up n'a pas empêché les pédés de se comporter comme des folles hystériques. Et soudain, ce sont les hétéros à l'intérieur d'Act Up qui ont commencé à se comporter comme des folles hystériques[25].

Il s'agit bien de communautarisme, sauf que, dès que le mot est lâché, il est mal compris – on imagine à tort le communautarisme intransigeant des nationalismes d'autrefois. Il s'agit là au contraire d'un communautarisme de minorité, qui n'a rien d'homogène, rien de pur.

Pour Act Up, l'enjeu n'était pas de décrire simplement ce qu'était la communauté, mais aussi de définir la cohérence d'une « communauté souhaitée[26] ». Cet écart entre la réalité et l'idéal a donné l'élan indispensable pour lutter, mais il explique aussi comment l'éthique sexuelle communautaire a pu dépérir.

Pour comprendre ce qui s'est passé et pour mieux saisir où nous en sommes, il faut revenir à la fin des années 1990. Dès cette période, l'usage de la capote était devenu moins régulier. En 1995, un acteur porno, Scott O'Hara, autoproclamé plus grosse bite de San Francisco, spécialisé en autofellation, libertarien, tatoué HIV+, explique dans sa revue *Steam* qu'il s'est lassé du préservatif. On évoque alors un « relâchement » (*relapse* en anglais). Le phénomène s'accentue au point qu'Act Up défile en 1999 avec le slogan : « Baiser sans capote, ça vous fait jouir ? » Rationnellement, rien ne justifiait un tel relâchement. Pourquoi les gays prendraient-ils de nouveau

25. *Ibid.*, p. 504.
26. Gabriel Girard, *Les Homosexuels et le risque du sida. Individu, communauté et prévention*, PUR, Rennes, 2013, p. 253.

des risques ? Le débat sur le *bareback*, l'abandon délibéré de la capote, commence.

En France, c'est par Guillaume Dustan que le scandale arrive. Écrivain médiatiquement repéré pour jouer à merveille le rôle du trublion à perruque et à baguette magique, il reconnaît baiser sans capote, mais seulement avec des partenaires comme lui séropositifs [27]. Si, au départ, il y avait une ambiguïté sur l'intentionnalité, très vite, le *barebacker* revendique la capacité morale à prendre délibérément un risque. Moins nombreux (mais ils ont existé) ont été ceux qui ont cherché à contracter la maladie. On a appelé cette pratique (ultra-marginale) le *bug chasing*. On retrouve Maupassant : une fois la maladie contractée, au moins, on n'a plus peur de l'attraper. Ces cas restent rarissimes, mais ils hantent l'imaginaire moral de la communauté gay.

C'est d'abord Act Up, emmenée par Didier Lestrade, qui a porté la polémique. Deux associations de lutte contre le VIH se sont alors opposées dans leurs stratégies. Tandis qu'Act Up a voulu remobiliser autour de l'usage de la capote – seule protection véritable –, AIDES a lancé une campagne de réduction des risques suggérant (en opposition avec sa base) que la capote n'était pas obligatoire. Ses flyers étaient assez clairs : « Sans capote, mieux vaut se retirer avant d'éjaculer », ou encore : « Tu baises sans capote ? Mets au moins du gel. »

La stratégie de réduction des risques se veut pragmatique et elle a connu un certain succès dans le cas des usagers de drogue (chez qui on n'a pas cessé d'observer une baisse des contaminations). Mais il était hasardeux de la transposer à la lutte contre le VIH, ne serait-ce que parce que la structure du risque n'est pas la même : dans le cas de la seringue que l'on réutilise, il est surtout question de risque pour soi, tandis que la baise met en jeu un danger pour l'autre.

27. Guillaume Dustan est invité par Thierry Ardisson plusieurs fois dans ses émissions *Tout le monde en parle*, *Rive droite/Rive gauche* ou *Tribu*. Il avait également accueilli Erik Ramès qui a, par la suite, été « zappé » par Act Up.

La « communauté d'avant-garde » se trouvait donc plus divisée que jamais. Didier Lestrade revendiquait un rôle exemplaire pour les séropos, qualifiés de « grenades sexuelles » (évidemment lui compris) en raison de leur capacité à partager le VIH, capacité qu'il fallait justement désamorcer. Neutraliser le mal que l'on peut occasionner, ceci afin de préserver pour tous les autres la viabilité d'un écosystème sexuel auquel on tient [28]. À l'opposé de cette philosophie, il y avait le « délire des backrooms, les mecs à quatre pattes, dix partenaires dans la soirée, des pratiques extrêmes [...], une espèce de dénégation de soi [29] ».

Le débat sur le *bareback* signait logiquement la fin de l'exemplarité de la communauté gay. La communauté stratégique d'Act Up, théorisée notamment par Philippe Mangeot [30], qui présentait les gays en première ligne de la lutte contre le VIH, n'exerçait plus assez d'influence pour la doter d'une autorité suffisante. Le *bareback* menait vers un individualisme généralisé, où l'identité gay perdait son caractère politique. C'est paradoxalement de ce même mouvement général que naissent aussi les aspirations normalisatrices à la reconnaissance d'un mariage gay.

Ce dont le *bareback* était le nom n'avait peut-être finalement rien d'irrationnel ni d'absurde. La communauté gay s'alignait peut-être au fond très banalement sur de nouvelles normes sociales et économiques, les mêmes normes qui ont plus tard donné naissance aux communautés de dragueurs en ligne. Plusieurs sociologues ont conclu à la défaillance du lien communautaire, qui a ouvert à (ou a été causée par) une rhétorique proche de la théorie du choix rationnel néolibéral. Malgré la multiplicité et la complexité des pratiques, de plus en plus de

28. Didier Lestrade, *Act Up, une histoire*, *op. cit.*, p. 486.
29. Gabriel Girard, *Les Homosexuels et le risque du sida*, *op. cit.*, p. 128.
30. Philippe Mangeot, « Communautarisme », *in* Louis-Georges Tin (dir.), *Dictionnaire de l'homophobie*, PUF, Paris, 2003.

gays assumaient une position individualiste, où chacun devait prendre soin de soi avant tout [31].

L'attaque de Didier Lestrade contre ce que la communauté gay était à ses yeux en train de devenir pouvait paraître exagérée : « consumérisme forcené, individualisme aliénant, futilité permanente [32]... ». On sait qu'il n'y va pas de main morte, qu'il aime les jardins et qu'il a toujours préféré les poètes arborant des torses poilus aux mannequins épilés d'AussieBum. On lui a reproché de faire revenir le discours de la culpabilité, de la stigmatisation, de ne pas baiser assez, en bref d'être un vieux con donneur de leçons. Sa critique anticapitaliste du nouveau mode de vie gay qu'il voyait poindre énervait évidemment les futurs gays de droite, mais avait-il si tort que cela ?

On lui a fait porter un magistère moral beaucoup plus austère que ce qu'il exigeait réellement. Pour aussi rigide que soit apparue sa position au départ, Didier Lestrade n'a jamais présenté la capote comme un impératif inconditionnel – elle restait utile tant qu'il n'y avait pas mieux.

Bien des années plus tard, les termes du débat ont été (de l'avis de tous ses acteurs) reconfigurés par un autre outil de prévention des risques, la PrEP. Ce traitement chimique préventif – pilules à prendre avant des rapports non protégés – empêche efficacement toute transmission du VIH (tout en laissant la porte ouverte aux autres IST).

Le pragmatisme de Didier Lestrade épouse en définitive les progrès médicaux : une fois la PrEP reconnue efficace, elle peut se substituer à la capote :

> Je regarde toujours les chiffres, écrit-il dans son dernier livre sur le sida. Si, dans deux ans, nous avons à nouveau un pic à retardement de nouvelles séroconversions, comme cela se voit dans d'autres épidémies, alors il faudra tempérer ce que j'écris ici. Mais

31. Gabriel GIRARD, *Les Homosexuels et le risque du sida*, *op. cit.*, 2e partie.
32. Didier LESTRADE, *The End*, Denoël, Paris, 2004, quatrième de couverture.

> si ce rebond ne se manifeste pas, cela veut dire que les essais de TasP et de PrEP ont une influence réelle dans la vraie vie. Mon message est le suivant : sucez les bites que vous voulez, mais vous allez attraper de belles IST. Si vous vous dépistez régulièrement contre celles-ci, si vous suivez correctement les traitements contre ces IST jusqu'à la fin de l'ordonnance prescrite par le médecin, si vous ne les transmettez pas à d'autres avant la fin de ce traitement, si vous prévenez vos partenaires (ceux que vous pouvez contacter) quand elles sont diagnostiquées et si vous continuez à vous informer pour connaître les dernières études, alors allez-y, de toute manière il n'y a aucun moyen de vous retenir, je sais [33].

C'est comme si, à chaque phase de l'épidémie, des morales radicalement différentes devaient être défendues. L'apparition d'une nouvelle maladie provoque d'abord des dissonances morales massives, suivies de périodes de stabilisation.

Où en est-on aujourd'hui ? Selon Barry D. Adam, qui a mené depuis le tournant des années 2000 une enquête qualitative chez les *barebackers* de Toronto, le sexe y relève d'une sorte de contrat entre adultes consentants qui tiennent compte des risques sur le marché sexuel (car c'est ainsi qu'ils se représentent l'écosystème sexuel) [34]. La conscience communautaire chargée de rappeler le risque commun qui plane sur les membres est annulée. Et puisque chacun se présente désormais comme un individu libre, adulte et responsable, sont également mises de côté les inégalités dans la position de chaque négociateur de risques. C'est la critique classique qu'on peut adresser au modèle économique libéral ou libertarien : la focalisation sur la liberté de contracter oblitère les inégalités antérieures au contrat.

33. Didier Lestrade et Gilles Pialoux, *Sida 2.0. Regards croisés sur 30 ans d'une pandémie*, Fleuve Noir, Paris, 2012, p. 343.
34. Barry D. Adam, « Constructing the neoliberal sexual actor : responsibility and care of the self in the discourse of barebackers », *Culture, Health & Sexuality*, vol. 7, n° 4, juillet-août 2005, p. 333-346.

S'il existe bien une sexualité postsida (on l'espère), il y a plusieurs leçons à tirer de ce moment de dislocation de la communauté sexuelle. Il faut notamment prendre la mesure de l'écart qui sépare la notion de communauté dans les années pré-*bareback* et ce qu'elle signifie aujourd'hui. Les communautés de dragueurs en ligne superposent une rationalité néolibérale aux ruines d'une normativité communautaire. Elles prolongent les communautés réelles, mais n'en sont pas moins d'un tout autre ordre. Je m'explique :

– les communautés en ligne ne naissent pas d'une histoire commune qui préserverait l'héritage d'un retournement de l'insulte. Elles se fondent sur la vente d'un service rendu possible par l'agrégation en communautés ;

– les communautés en ligne ne sont plus fondées sur un objectif commun de protection. Les dangers « extérieurs » (sexisme, inégalité de droits, contamination, etc.) sont mis hors-champ. Seuls les dangers internes à la plateforme (messages inconvenants, harcèlement en ligne, etc.) sont thématisés ;

– elles ne sont plus portées par des figures morales, mais gouvernées par des choix techniques opaques ;

– les communautés en ligne ne transmettent aucune consigne de prévention. Elles laissent à chacun toute latitude à prendre des risques, non seulement pour soi, mais aussi pour les autres ;

– bien que puissantes économiquement, elles ne prennent part à aucun débat politique ou social en défense de la communauté approximative que pourtant elles exploitent.

Comparez la définition de ces communautés à l'affiche d'Act Up qui résumait en 2004 les huit points définissant la « communauté souhaitée » :

> LA COMMUNAUTÉ QUE NOUS VOULONS EST SEXUELLE.
> […]
> A DE LA MÉMOIRE. […]

EST INTRANSIGEANTE. [...]
EST MOBILISÉE. [...]
EST INQUIÈTE. [...]
SAIT COMPTER. [...]
EST HYSTÉRIQUE. [...]
EST FIÈRE D'ÊTRE IDIOTE. [...] [35].

Chaque adjectif est suivi d'un paragraphe qui en développe le contenu concret. Et l'affiche se conclut sur : « La communauté que nous voulons n'est pas celle que nous avons. » Le niveau d'exigence n'est tout simplement plus le même. Les communautés en ligne ne sont pas toutes ouvertement sexuelles, ni mobilisées ni inquiètes. L'espace social est lissé. La mémoire de l'épidémie ou les conseils de prévention sont en option, rien de central. L'hystérie militante ou la revendication d'une conduite juste s'arrêtent aux portes de la moindre création de profil.

Construite sur ces vestiges, par leur négation même, la version de la « communauté » que nous vendent les applications de cul apparaît bien pauvre. C'est pourtant sur les vestiges de cette version forte de la communauté que de nouvelles versions marketing croissent et se développent. Tinder parasite la culture du plan cul des campus américains, mais ne permet pas de passer son diplôme. Grindr imite la facilité des anciens lieux de rencontres gays, mais annihile le sentiment de danger partagé.

Elles sont des communautés que l'on utilise stratégiquement et qui sont vécues différemment selon les motivations que l'on a d'y participer. Prises dans ces flux d'informations, les identités elles-mêmes deviennent stratégiques. Ce qu'elles perdent en authenticité le temps d'une connexion, elles le gagnent en favorisant la souplesse, la redéfinition et la multiplication des appartenances.

35. « La communauté que nous voulons », affiche Act Up Paris, 2004.

7. ÉROTIQUE DES FLUIDES ET MORALE SEXUELLE

> M'engager dans les méandres du jeu de la séduction, entretenir la badinerie qui, nécessairement, occupe l'intervalle entre la rencontre fortuite d'une personne et l'accomplissement de l'acte sexuel avec elle, même brièvement, serait au-dessus de mes forces. À la limite, s'il était possible que la masse palpitante d'un hall de gare ou la horde organisée du métro acceptent au milieu d'elles les accès de plaisir les plus crus comme elles acceptent la livraison de la misère la plus abjecte, je serais bien capable de m'accoupler ainsi, comme un animal.
>
> Catherine MILLET, *La Vie sexuelle de Catherine M.* (2001).

Supposez que vous passiez, après un ultime orgasme, le point Catherine M. de votre vie sexuelle – ce point où baiser avec quelqu'un revêt la même importance que dire bonjour. Un jour, après avoir joui une ultime fois, votre cerveau se serait transformé. En vous réveillant, vous vous seriez rendu compte que tous les préjugés auparavant attachés à la sexualité ont été effacés de votre cortex.

Vous seriez devenu un zombie sexuel, n'assimilant plus le fait de baiser à un acte extraordinaire. Faire l'amour aurait le même genre d'importance que de partager un repas. Vous accorderiez facilement vos faveurs à qui vous les demande, même si vous ne couriez pas pour autant partout pour dévorer tout ce qui passe. Pour le reste, vous auriez gardé votre statut social, vos amis Facebook, vos mots de passe Instagram et vos souvenirs de vacances. Vous continueriez à réfléchir et vous sauriez qu'il existe un sens commun en matière morale.

Une fois posée cette neutralité du sexe, faudrait-il en conclure que, bien que vous la meniez de façon détachée, votre vie sexuelle ne serait plus la source pour vous d'aucune interrogation éthique ? Je ne crois pas. Au contraire, certains problèmes seraient devenus encore plus saillants qu'auparavant.

Car baiser, tout comme manger, implique tout un ensemble de choix pratiques. Savoir ce que l'on mange, décider ce que l'on accepte ou non de manger impliquent de prendre en considération l'impact de ces choix non seulement sur soi, mais sur le bien-être animal, sur la soutenabilité des écosystèmes, le devenir de l'agriculture paysanne, etc. En comparant le fait de manger au fait de baiser, un zombie se demanderait si l'on peut baiser éthique, ou baiser équitable, de la même façon que l'on mange éthique et que l'on achète équitable. En creusant la question, il découvrirait que ce qui compte en matière de sexualité est moins de comprendre l'essence ou l'origine mystérieuse de notre désir que de saisir les conditions éthiques, sociales ou politiques qui rendent possible sa satisfaction.

Aussi zombifié soit-il, il pourrait trouver absolument choquantes les scènes de sexe dans la plupart des films hollywoodiens – ceci dans la mesure où ces scènes mettent entre parenthèses des choix cruciaux et tolèrent un flou éthique pour mieux retenir une image de jouissance simulée. Lorsque Michael Fassbinder entreprend un énième plan cul dans *Shame*, de Steve McQueen, la première question de notre zombie serait de savoir si le personnage s'est fait dépister pour les MST, s'il avait convenu de ce qu'il allait faire avec la fille qu'il a rencontrée, s'il a mis un préservatif, s'il va jouir et où il va jouir. Si j'en crois la suite du film, il a préféré se lancer directement dans une improvisation virtuose.

Le mal que permet d'identifier la fiction d'un zombie sexuel est relativement répandu. Il s'agit d'ignorer les conditions de production de notre propre plaisir au nom de celui-ci.

On peut parler d'auto-aveuglement, de mauvaise foi ou, pour reprendre une expression utilisée par les vegans, de *schizophrénie morale* (dans leur critique : le fait de consommer de la viande tout en condamnant le système qui la produit).

Dans le cas qui nous occupe, la culture dominante de l'idéal amoureux encourage cet aveuglement. L'avantage du zombie sur nous est que, en étant insensible à l'amour, il comprend mieux le sexe. Il voit les choses autrement. Il lui devient impossible de regarder une quelconque scène de cul sans se demander systématiquement si les personnages mettent une capote, s'ils utilisent des contraceptifs ou à quel genre de conversation postcoïtale ils peuvent se laisser aller après s'être couverts de fluides corporels.

ÉCOULEMENTS

« Carapuce ! »

Pokemon (1997, S1E12).

L'éjaculation faciale est au porno ce que le ketchup est aux frites : une idée originale au départ, qui a atteint un tel niveau de systématicité qu'elle en a perdu toute saveur. Notre imaginaire pornographique est devenu spermo-centré. Les hommes sont si aliénés par la virilité qu'ils finissent par être hypnotisés par cette minuscule fonction corporelle. Il suffit de regarder quelques pornos d'avant les années 1980 pour constater à quel point l'éjaculation y était secondaire. Aujourd'hui, il est impossible de conclure une vidéo sans ce climax viril et crémeux. À tel point que certaines citations clés d'Emmanuel Levinas – le philosophe du visage infini –, lorsqu'il écrit par exemple que le visage est « exposé, menacé, comme nous invitant à un acte de violence », peuvent à présent difficilement être lues sans une petite arrière-pensée lubrique.

Je ne suis pas le seul esprit détraqué à faire ce parallèle. Certains intellectuels ont assumé la position de Levinas jusqu'à produire une critique de l'éjaculation faciale comme négation du visage de l'autre – visage qui est la source de toute relation éthique. « L'éjaculation faciale devient dogmatique et symptomatique du meurtre symbolique et de la négation de l'autre », écrit ainsi Matthieu Dubost dans *La Tentation pornographique*[1].

Mais si la goutte de sperme pouvait parler, elle aurait sans doute une autre vérité à faire valoir. Elle est la preuve vivante que nous pouvons échanger des fluides, transmettre matériellement une part de nous-même à autrui, bref entrer en relation biologiquement parlant.

Plutôt que de débattre « pour ou contre l'éjac' faciale », on ferait mieux d'interroger les présupposés de la question, commencer par rappeler qu'il n'y a pas que des éjaculations masculines et que le sperme n'est qu'un fluide parmi d'autres. On y gagne alors en plaisir et on y perd en sexisme. Car tout écoulement étant égal par ailleurs, les femmes sont plus généreuses que les hommes. Mentionnons les performances d'Annie Sprinkle, qui enseigne l'éjaculation féminine, ou le film de Catherine Corringer, *This Is the Girl*, où l'on voit une femme éjaculer trois fois d'affilée à plusieurs mètres de distance. Un érotisme des fluides impose donc une plus grande fluidité des positions de genre en relativisant (en noyant) l'éjaculation dans un torrent d'autres liquides. Dans le film porno lesbien *Wet*, d'Andrew Blake, la cyprine coule en rêve au point de remplir une piscine.

L'écoulement a en effet une vertu. Il est le fruit subtil d'un lâcher-prise, d'une passivité qui est le contraire de l'impuissance. La mouillabilité exprime une excitation, elle la matérialise. Le défaut de l'imaginaire porno grand public est au contraire de présenter l'éjaculation comme le summum de l'activité d'un homme en position de contrôle. L'éjaculateur

1. Un livre portant le titre « Pro*face*nation. L'éthique de Levinas à l'épreuve du cumshot » et signé de la mystérieuse Mauricette de Minerve aurait été sur le point d'être publié, mais n'a malheureusement jamais vu le jour.

contrôle-t-il vraiment le procédé, comme un ingénieur s'assurant manuellement de l'efficacité de son mécanisme ? Les mouilleurs sont-ils capables de sécréter et projeter ces fluides à l'envi ? Autant qu'action et réaction, excitation et sensibilité sont liées. Maîtrise et passivité ne sont que deux interprétations incomplètes d'un même processus ambigu.

On sait que l'éjaculation masturbatoire transgresse l'interdit biblique de ne pas « laisser perdre à terre » sa semence (*Genèse* 38 : 9). Sade fut peut-être le premier à rendre ce péché littérairement excitant. Mais il y ajoute une touche de violence dirigée contre autrui, comme si chaque éjaculation réécrivait en lettres de sperme sur le corps de l'autre la phrase de *Fight Club* : « J'avais envie de détruire quelque chose de beau. » La pornographie sadienne parasite un érotisme plus ancien où le fluide est au contraire le signe d'un attachement, d'un don.

L'interdit biblique sur la perte de semence a eu cet effet paradoxal de reconfigurer le symbolisme sexuel attaché aux autres fluides corporels. En se centrant sur la figure de la Vierge, le mysticisme chrétien médiéval a effectué un mouvement de pivot. « Dieu changea le sexe, pour ainsi dire. La Vierge devint le dieu du monde », a écrit Michelet. Marie, sainte et humaine, donne le sein au fils de Dieu. Son lait symbolise la médiation entre la divinité du Christ et l'humanité de la mère dont il est issu.

L'allaitement prend alors une dimension que certains n'hésitent pas à qualifier de *queer*. Selon la hiérarchie galénique des fluides, le sang change d'état en fonction de la chaleur. Le sang perdu pendant les règles est froid, tandis que son réchauffement produit le lait, puis le sperme. Pour l'anthropologue et historienne du Haut Moyen Âge Chloé Maillet, le lait est alors un lieu d'entre-deux, aussi bien érotique que mystique, féminin que masculin. Ainsi peut-on lire une scène étonnante dans une vie de saint François d'Assise : « Lorsque [sœur Claire] fut arrivée près de saint François, celui-ci sortit de sa poitrine une mamelle et lui dit :

"Viens, reçois et suce", et après qu'elle l'eut fait, le saint l'admonesta pour qu'elle suçât une autre fois ; et ce qu'elle suçait était si doux et délicieux qu'on ne pouvait l'expliquer en aucune façon. »

Comme nous vivons dans un monde où les images nous paraissent plus réelles que les symboles, cet érotisme religieux risque d'être mal compris. Modernes, nous opposons radicalement désir et foi, alors qu'un philosophe médiéval envisageait plutôt un chemin d'élévation de l'un vers l'autre. « Lorsque les clercs ou moines parlent en termes érotiques de sujets qui ne nous semblent pas érotisables aujourd'hui, précise Chloé Maillet, cela ne veut pas forcément dire qu'ils sont hypocrites, cela veut dire que les limites entre sexuel et non sexuel ne sont pas les mêmes que dans nos sociétés actuelles [2]. »

Quand la Vierge apparaît à Bernard de Clairvaux, qu'elle sort son sein et qu'elle asperge sa bouche de quelques gouttes en lui disant : « Suce et bois, Bernard ! », le croyant est supposé comprendre que ce lait est en réalité celui de la « divine science ».

Pour ce qui est de la science moderne, la recherche médicale, en étudiant comment les virus ou les bactéries traversent les barrières d'immunité ou comment celles-ci leur résistent, a participé à une redéfinition de l'érotique des fluides.

LET'S TALK ABOUT SEX

Let's talk about sex, baby
Let's talk about you and me
Let's talk about all the good things
And the bad things that may be
Let's talk about sex.

SALT-N-PEPA, *Let's Talk About Sex* (1991).

Nous qui connaissons le rôle du sperme et du sang dans la contamination du VIH, nous vivons depuis plusieurs décennies nos

2. Entretien avec Chloé MAILLET par Richard MÈMETEAU, « Sang, sperme, cyprine et sueur : à la découverte de l'érotisme des fluides », *Les Inrockuptibles*, numéro spécial « Sexe », 25 juillet 2017.

sexualités avec cette idée d'un fluide érotique qui peut s'immiscer dans l'organisme, le polluer ou l'altérer. Aujourd'hui, même les vampires savent qu'ils peuvent devenir séropositifs, du moins ceux de la série *True Blood*.

En 1991, le groupe de chanteuses noires américaines Salt-n-Pepa sort *Let's Talk About Sex*. C'est un tube. Personne n'avait jamais pourtant cessé de parler de sexe. La sexualité avait-elle besoin d'une conversation de plus à son sujet ? Mais la chanson de Salt-n-Pepa n'est pas un énième tube sexy. On y parle de *safe sex*, c'est-à-dire des techniques sexuelles inventées pour se protéger contre le sida – une autre version sortie en 1992 s'appelle *Let's Talk About AIDS*. C'est la prise de conscience que les sexualités engagent autre chose que le plaisir, qu'elles ont aussi des conséquences morales, sanitaires, sociales ou politiques. Ce dont il est question, en réalité, c'est d'éthique sexuelle.

Il n'y a rien de mémorable dans une épidémie : c'est une histoire pulvérisée en de multiples corps, en une myriade de micro-événements qui la produisent et qui échappent même souvent à la conscience des malades. On passe d'une épidémie à une autre sans en garder la mémoire. Beaucoup de gens ignorent que la plus grande cause de décès durant la Première Guerre mondiale a été la grippe espagnole. De même, on a oublié que, avant la découverte du sida, la fin des années 1970 avait été le théâtre d'une explosion de contamination par des IST, dont la chlamydia et la gonorrhée.

Le sida a évidemment calmé tout le monde et l'usage du préservatif a fait baisser les contaminations. Mais les bactéries ont continué de se transmettre, notamment par les fellations non protégées, qui leur ont servi de base arrière par temps de *safe sex*. Et nous voici en plein re-boom des IST. Nous traversons à nouveau une autre épidémie. En Californie, de grands panneaux – « *Syphilis is serious* » ou « *Gonorrhea alert* » – informent aujourd'hui de ce regain. On y rapporte une hausse de 45 % des maladies sexuellement transmissibles en cinq ans [3].

Toute liaison constitue une prise de risques. Si vous ouvrez la page Doctissimo des infections sexuellement transmissibles (IST) avant de baiser, le sexe sans précaution se transforme en saut à l'élastique à deux du haut d'un pont, mais sans élastique.

Petite visite guidée au grand huit du parc d'attractions des bactéries et des virus :

– embrasser contient déjà son lot de risques, rhume ou gastro, mais aussi mononucléose et syphilis si vous n'avez pas de chance ;

– une pipe suffit à la transmission d'une IST, suceur comme sucé ;

– la chlamydia est la maladie sexuellement transmissible la plus répandue, elle touche en majorité les femmes, mais ceci parce que, chez les hommes, elle reste asymptomatique dans 50 % des cas ;

– le virus du papillome humain (VPH), qui cause des verrues génitales ou anales, est numéro deux au hit-parade. La maladie est répandue, mais il y a une subtilité, qu'expose la comédienne Ali Wong : « Beaucoup d'hommes ne savent pas qu'ils ont le VPH… parce que c'est indétectable chez les hommes. C'est le bordel. Le VPH est un fantôme qui vit dans le corps des hommes et fait "bouh" dans le corps des femmes. » Il m'est arrivé pour ma part plusieurs fois d'être regardé comme un oiseau de malheur pour avoir expliqué au beau milieu d'un plan qu'il existe une différence cruciale entre une marisque et des condylomes (je vous laisse googliser…).

3. Harriet ROWAN et Alex LEEDS MATTHEWS, « California's deadly STD epidemic sets record », Washingtonpost.com, 22 mai 2018.

UNE NOUVELLE ÉTHIQUE SEXUELLE : LE *FLUID BONDING*

> You are the blood flowing through my fingers
> All through the soil and up in those trees.
>
> Sufjan STEVENS, *You Are the Blood* (2009).

Le sexe est le lieu de notre vulnérabilité, de notre perméabilité. Comme il n'est pas raisonnable de laisser à n'importe qui la possibilité d'explorer notre métabolisme et de le modifier par-devers nous, l'échange de fluides suppose, *a minima*, un certain rapport de confiance entre les partenaires.

Mais quelle peuvent être les modalités de cette confiance ? Dans les années 1990, les auteures de *La Salope éthique*, le guide de référence des polyamoureux, proposent la notion de *fluid bonding* (littéralement : « attachement fluide »), défini comme « un lien spécial fondé sur l'engagement de n'échanger sécrétions et liquides biologiques qu'avec une seule personne[4] », ce qui implique que « tout rapport hors du couple requiert le recours absolu à des méthodes de *safer sex*[5] ». La stratégie du *fluid bonding* consiste à abandonner toute protection avec un partenaire exclusif tout en s'autorisant par ailleurs d'autres relations à condition qu'elles soient protégées. Les coups occasionnels n'ont droit qu'au *safer sex*, c'est-à-dire au sexe avec capote ou digue dentaire (pour les cunnilingus ou les anulingus)[6].

Le *fluid bonding* relève du sens commun. N'importe quel mari ou femme adultère devrait rationnellement admettre que se protéger dans ses aventures extraconjugales lui éviterait de faire ensuite partager la preuve de la trahison sous forme bactérienne ou virale à son conjoint. En conseillant aux partenaires d'assumer, de poser explicitement ce principe mutuel, les salopes éthiques proposent une solution radicale aux hypocrisies coupables d'une relation monogame classique.

4. Dossie EASTON et Janet W. HARDY, *La Salope éthique*, *op. cit.*, p. 126.
5. *Ibid.*, p. 332.
6. *Ibid.*, p. 127. Les salopes éthiques indiquent aussi qu'il vous faudra, par souci *safe*, « éliminer certaines pratiques sexuelles de votre répertoire ».

Mais leur apport concerne aussi des pratiques en apparence plus « libérées ». Prenez une série comme *Toi, moi et elle* (2016). Un couple hétérosexuel s'entiche d'une jeune escort qui forme avec eux un trio sexuel tout en continuant de voir son ex, qui lui-même couche avec la meilleure amie de l'escort. Aussi spontanés et touchants que soient ces trentenaires semi-hipsters qui se cherchent, ils enfreignent tous les codes du *fluid bonding*. La copine de l'escort couche avec son ancien mec, qui recouche lui aussi avec elle. Au final, ils sont cinq à être liés par les fluides et aucun ne semble trouver simple de dire la vérité. Jamais la série, si libérale et drôle soit-elle par ailleurs, n'évoque clairement la question des fluides et des risques en tant que tels. Le travail des salopes éthiques permet au moins d'éclairer ces relations d'une lumière morale nouvelle et de cerner à quel point l'hypocrisie règne.

En pratique cependant, leur remède n'en présente pas moins un certain nombre de limites. Une première difficulté est que le *fluid bonding* suppose une parfaite transparence réciproque afin que chacun puisse évaluer à chaque instant le risque du lien. Le niveau d'exigence requis d'une « salope » éthique afin d'assurer la santé de tous ses partenaires est donc très élevé. « Le *safer sex*, c'est un peu comme un régime, ça ne sert à rien de s'y tenir sagement toute la semaine et de se goinfrer le week-end[7]. » Car le moindre écart se répercute potentiellement sur tous les polyamoureux de la communauté des fluides. « Si vous n'avez ni l'honnêteté ni le courage de faire face aux risques réels de vos pratiques sexuelles, écrivent-elles, vous n'avez peut-être pas les qualités requises pour devenir une salope éthique. On se demande même si vous devriez avoir une quelconque activité sexuelle[8]. »

Le problème n'est pas seulement de bien vouloir dire ce que l'on sait vraiment (dire avec qui on a couché), mais encore d'établir précisément quels risques ont été pris avec qui. On a

7. *Ibid.*, p. 127.
8. *Ibid.*, p. 128.

beau souscrire à un devoir de véracité, c'est-à-dire de confier sincèrement ce qu'on *croit* être vrai, cela ne correspond pas nécessairement à ce qui s'est vraiment passé. La mémoire peut faire défaut, les risques peuvent avoir été mal évalués, etc. De sorte que la transparence des salopes éthiques n'est peut-être qu'une transparence vaine, une injonction sévère qui ne fait rien apparaître de décisif, sauf la plus ou moins bonne volonté qu'ont les partenaires à se soumettre à ce jeu d'examen mutuel. Tout le drame ordinaire du mariage risque alors de se retrouver concentré dans une relation sexuellement plus chaotique.

Peut-être que, à ce stade, je devrais clarifier ma propre position sur le *fluid bonding*. Je donne facilement l'impression d'ironiser. Il me semble en réalité qu'on n'a plus le choix. La pratique du *fluid bonding* est *de facto* à l'ordre du jour pour tous ceux qui vivent en dehors du monde EMU défini plus haut[9]. Célibataires, époux infidèles, couples ouverts, monogames sériels... Seuls les époux vierges et fidèles pourraient éventuellement s'éviter cette tâche d'élaboration conceptuelle et pratique. Mais tous les autres sont confrontés au problème et gagneraient à effectuer ce travail moral : connaître le passé sexuel du partenaire, négocier un accord le plus explicitement possible, réévaluer le lien en fonction du niveau d'intimité et d'amour réel – ce qui suppose de toujours dire absolument ce qu'on croit être la vérité.

Le *fluid bonding* est peut-être la nouveauté éthique la plus intéressante de ces trois dernières décennies. Pour le blogueur Master SoNSo, cela « symbolise un désir d'inclure ma partenaire dans ma vie et de m'engager à long terme. Cela symbolise aussi l'intérêt de l'autre à comprendre qui je suis et *qui j'aime d'autre dans ma vie* ».

À l'époque où l'on comptait plutôt sur le médecin de famille pour couvrir les mensonges des maris infidèles, on ne pouvait pas imaginer un tel exercice. Désormais, il est courant

9. Voir chapitre 1, p. 7 *et sq.*

de demander des tests sérologiques et les résultats de ces tests à ses partenaires. On ne peut pas ignorer ce qui est en jeu.

On n'en est peut-être qu'aux prémices d'une nouvelle éthique sexuelle à l'ère des relations multiples. Mais la route vers la perfection éthique est longue et elle se perd à l'horizon. En attendant, peut-être devrions-nous plutôt nous préparer à adopter la position du héros de la série *Lovesick* et commencer à faire la liste de nos ex pour pouvoir leur annoncer que nous leur avons refilé une chlamydia.

Il y aurait un enseignement à retenir de tout cela : l'idéal de pureté est un non-sens. Aucun sang, aucun sperme, aucune cyprine n'est pur. Nous ne sommes certes pas condamnés à accumuler les bactéries et les virus comme une vieille éponge restée trop longtemps sur le coin d'un lavabo, mais la moindre bactérie qui vient nous chatouiller l'urètre finit par triturer nos représentations les plus intimes de l'intimité elle-même.

Dès qu'on lâche le mot « pureté », notre imaginaire dresse un décor de salle de bains impeccable, de couples de princes et de princesses immaculés, d'étagères pleines de produits ménagers… avec en coulisses toutes nos pulsions les plus chaotiques ne demandant qu'à tout salir. Pour certains, la pureté est un puissant aphrodisiaque. Pour d'autres, elle excite leur goût de la souillure. Dans les deux cas cependant, on s'imagine que le corps est comme une forteresse, dont les entrées sont surveillées, que l'on visite ou que l'on saccage. La sexualité apparaît comme le lieu de l'individualisation paradoxale de passions que l'on juge pourtant incontrôlables.

Mais l'érotisme de la pureté et de la souillure – des salopes éthiques ou des sadiens incontinents – s'accorde mal avec une conscience écologique où, par définition, rien ne peut rester parfaitement propre puisque tout est déjà connecté. Les maladies qui nous parviennent ont déjà circulé pendant des millénaires. Pourquoi s'arrêteraient-elles à la frontière de nos muqueuses ou de nos épidermes ? La peau est à la fois un lieu de filtrage et d'échange avec le monde extérieur. Ce qui passe en nous peut nous tuer. Mais si ça peut se produire, c'est parce qu'une affinité minimale existe qui rend possible l'entrée dans nos corps de ces maladies qui nous tuent. Notre corps est le milieu de vie de ces hôtes. Si on renverse la proposition, on peut dire que ces bactéries et virus sont une partie de nos corps qui migre, qui se détache, qui coévolue avec nous en passant d'un corps à d'autres. Toute pureté ne peut être que relative, et toute protection de l'autre l'est aussi, quel que soit l'amour ou le soin qu'on lui porte.

L'éthique sexuelle libérale des salopes éthiques offre un cadre général intéressant, quoique non abouti. En valorisant la responsabilité individuelle et l'honnêteté entre les différents partenaires, elles participent à mettre au jour une éthique relationnelle minimale. Mais, tant que l'on pense la source des obligations comme dérivant seulement du consentement à un contrat, le respect que les amants se doivent demeure indépendant du reste de l'écosystème sexuel. Les salopes éthiques donnent de bons conseils, mais ce ne sont que des conseils. Il faudrait, pour aller plus loin, chercher à prendre conscience des liens effectifs qui tissent les communautés sexuelles.

Dans son étude sur l'Ouganda et l'Afrique du Sud, l'anthropologue Robert Thornton a montré qu'il existait plusieurs communautés de personnes liées par leurs fluides et par le VIH, mais que ces communautés (reliant routiers, soldats et prostituées, vieux professeurs…), faute d'être conscientes d'elles-mêmes, sont restées vulnérables à l'épidémie. « De par leur nature, les réseaux sexuels ne peuvent pas être vus sauf par ceux qui y participent ou, habituellement, par les sciences sociales. Ainsi, contrairement aux réseaux explicites d'amitié ou de parenté, le réseau sexuel est une communauté invisible ; elle est non imaginée[10]. » Une des

10. Robert J. THORNTON, *Unimagined Community. Sex, Networks, and AIDS in Uganda and South Africa*, University of California Press, Berkeley, 2008, préface, p. XVIII.

conditions, en l'occurrence, pour que cette communauté objective puisse être subjectivement vécue serait que le stigmate concernant la séropositivité soit socialement aboli. Mais tout réseau sexuel ne passe pas le cap d'une prise de conscience.

Les études sur les réseaux sexuels apparues au début des années 2000 ont mis en avant la notion de « réseaux invariants d'échelle ». Ceux-ci, à la différence des réseaux dits « normaux » ou « démocratiques », où la plupart des nœuds possèdent le même nombre de liaisons, s'organisent autour de quelques nœuds pivots, qui ont beaucoup de liaisons, alors que la grande majorité en a peu. La formalisation des réseaux sexuels selon un modèle de réseaux invariants d'échelle a permis de mieux comprendre la propagation d'une épidémie [11]. Ce schéma permet d'expliquer à la fois la résistance du réseau face à des infections ponctuelles, mais aussi sa grande fragilité lorsque certains supernœuds sont touchés.

Faire tous partie d'un réseau sexuel ne signifie pas que tout le monde y soit connecté de la même façon. La probabilité d'avoir plus de cent partenaires s'établit par exemple à 0,006 % en Suède pour les Suédoises. Mais ce sont ces 0,006 % qui changent tout en matière de contamination s'ils sont infectés. La notion de grand impacteur désigne les individus qui, en adoptant une sexualité ouverte à plusieurs partenaires, cumulent plus de risques que la moyenne.

On ne trouve pas seulement cette structure dans la sexualité gay. Les amourettes adolescentes produisent les mêmes réseaux invariants d'échelle, avec un risque élevé de transmission d'IST. En effet, les relations ne durant pas longtemps et l'IST ne se déclarant pas immédiatement, les jeunes Roméo et

11. Fredrik LILJEROS, Christofer R. EDLING, Luis A. NUNES AMARAL, H. Eugene STANLEY et Yvonne ABERG, « The web of human sexual contacts », *Nature*, vol. 411, 21 juin 2001, p. 907-908.

Juliette ont tout le temps d'aller convoler ailleurs en partageant leurs bactéries avec d'autres [12].

Avec le débat sur le *bareback* et ses multiples rebondissements, le schéma des réseaux d'invariants s'est imposé dans les stratégies de prévention. Le conseil que l'on vous donnera dans tout centre de dépistage est de ne pas multiplier les partenaires d'un soir, sauf à se découvrir une vocation de « grand impacteur ».

12. Peter S. Bearman, James Moody et Katherine Stovel, « Chains of affection : the structure of adolescent romantic and sexual networks », *American Journal of Sociology*, vol. 110, n° 1, juillet 2004, p. 45.

C'EST COMME UNE CHANSON POPULAIRE

« Une petite copine ?
— Un peu plus que ça.
— Une concubine ?
— Un peu moins que ça.
— C'est incroyable : 40 000 ans de langage humain et pas un mot pour décrire une relation sentimentale. »

Roman POLANSKI, *The Ghost Writer* (2010).

Roland Barthes est chez Bernard Pivot, il a l'air abattu, il parle lentement. Il se rappelle peut-être le chagrin d'amour qui a nourri le livre dont il fait la promo ce soir-là à la télé (*Fragments d'un discours amoureux*, 1977). Alors que son texte n'est que fragments et complexité, il se risque à soutenir une thèse générale simple :

> Pour citer des systèmes langagiers très connus : ni le marxisme ni même la psychanalyse si vous voulez ne prennent en charge ce sentiment amoureux. Ce qui fait que si on a affaire à un sujet amoureux qui a une certaine teinture de culture intellectuelle [il pense de toute évidence à lui-même] eh bien ce sujet-là, s'il lui advient de tomber amoureux, va se trouver extrêmement solitaire. Comme il souffre, il essaiera de s'appuyer sur un langage, une théorie qui l'aide, qui le prenne en charge, et dans l'époque actuelle, il ne trouvera rien. Mais s'il lui advient d'être amoureux comme on l'était du temps de Werther, eh bien à ce moment-là personne autour de lui ne répond. Sauf justement, cette culture populaire dans la mesure d'ailleurs où elle est coupée du langage intellectuel [1].

1. *Apostrophes*, Antenne 2, 29 avril 1977, www.ina.fr.

On l'a appelé pour s'exprimer sur ces sujets graves, il aurait pu écrire un article dans des revues ou des journaux, au calme. Au lieu de ça, le voici en train de faire discorder radicalement la netteté de ses idées avec sa silhouette avachie dans un fauteuil inconfortable parfaitement designé.

Mais il a raison. Chacun sa chanson. Moi, c'est *Nikes*, de Frank Ocean. Écoutée un milliard de fois, le casque vissé sur la tête, dans la rue, dans la voiture sur les autoroutes, au clair de lune, parfois je me la rejouais mentalement pendant que je faisais des longueurs à la piscine en plein été. C'est une de mes chansons préférées. La basse liquide qui ouvre le morceau nous plonge la tête sous l'eau. Perce ensuite une voix suraiguë qui chante le besoin superficiel d'une paire de Nikes, le *deal* facile et le sexe. Tout est beau, un peu idiot et mélancolique. Soudain, la voix non pitchée de Frank Ocean surgit et s'élance. De cet entre-deux, de ce monde instable et de cette ambiguïté, il fait une vérité :

> I may be younger but I'll look after you
> We're not in love but I'll make love to you
> You're not here but I'll say some for you
> I'm not him but I mean something to you.

C'est cette ligne qui m'a cloué : « Nous ne sommes pas amoureux, mais je vais te faire l'amour. »

En une chanson, maillage de mélodies, de voix et d'effets en tout genre, le chanteur californien est parvenu à synthétiser la formule érotique de notre époque : le sexe surgit dans les interstices de nos désamours. Il n'est plus simplement à l'air libre, loin des foyers bourgeois, dans les bordels, les pissotières ou les romans interdits.

Ce n'est pas de l'amour, mais ce n'est pas que du sexe pour autant.

Ce n'est pas que du sexe et ce n'est pas pour autant le coup de foudre.

La seule façon de résumer ce qu'il dit serait de dire que ce n'est pas simple. C'est tout sauf la simplicité du grand amour réciproque, tout sauf la simplicité du sexe brut.

C'est sur ce grand terrain vague, encore non répertorié sur la carte du Tendre, qu'on se retrouve toutes et tous sœurs ou frères de Frank Ocean. Un continent est apparu qui n'est ni cet amour mystérieux ni ce sexe bestial. C'est le continent du désamour érotique.

Comprendre l'existence de ce nouveau terrain de jeux est presque une question de génération. Dans une série française (*Dix pour cent*, 2017, S2E2), un trentenaire hirsute à la masculinité un peu molle déclarait comprendre ce qu'étaient les problèmes de couple, étant donné qu'il avait lui-même vécu plusieurs relations d'un ou deux ans. Face à lui : le daron – terme générique que j'emploie ici pour désigner tous les hommes à l'aise dans le rôle socialement prescrit d'autorité et de sérieux –, le daron donc, rasé, fatigué, mais toujours en costume, lui répond :

> Le couple commence après trois ans.
> — Et avant, c'est quoi alors ?
> — Une comédie romantique.

Soit. Bonne vanne. Que je prends pour moi. Ma vie sentimentale est une longue comédie romantique : sur l'amour naissant au collège (*Les Beaux Gosses*), au lycée (*American Pie*), au boulot (*(500) Days of Summer*), puis sur les ruptures (*Forgetting Sarah Marshall*), sur les enfants accidentels (*Koncked Up*), sur les plans cul réguliers comme mode de vie alternatif (*Friends with Benefits*), sur la prise de conscience tardive de notre envie de nous engager (*Sleeping With Other People*) et sur la négociation de périodes d'infidélité (*Hall Pass*). L'indicible de la vie sentimentale de nos parents est peut-être devenu pour nous l'essentiel de notre vie sentimentale. Ils s'engueulaient quand ils étaient mariés. On s'engueule pour savoir si on est vraiment en train de commencer une histoire à deux. Nous excellons dans l'art des ambiguïtés sentimentales et des désamours érotiques. Les comédies romantiques sont notre vocabulaire, et peut-être notre cage dorée. Mais ce vocabulaire accompagne une réalité nouvelle.

Je ne connais pourtant pas beaucoup d'espaces nouveaux qui soient nés de rien. Comme le suggère la chanson de Frank Ocean, le nôtre naît de deux refus : le refus du sexe cantonné au grand amour et le refus du sexe pur.

Contrairement à ce qu'espérait Roland Barthes, les chansons populaires ne chantent plus seulement l'amour passion. Elles se sont mises à chanter quelque chose de bien plus ambigu.

Un autre souvenir de tube, un peu antérieur. La chanson d'OutKast *Hey Ya* est passée sur toutes les ondes, tube et meilleure vente de l'année 2003 [2]. Qui s'est aperçu, en dépit du matraquage radiophonique, que cette chanson pouvait également séduire par son ironie ? C'est une antichanson d'amour. Pas une complainte, ni une chanson de rupture, triste, ou pleine de ressentiment, mais une chanson qui fait le constat que l'amour est une fable qui n'a plus lieu d'être, qui n'échappe pas à la loi de la fragilité ontologique des choses, et dont l'abandon par conséquent doit se solder par une célébration sensuelle :

> If what they say is « Nothing is forever »
> Then what makes
> Then what makes
> Then what makes
> Then what makes (what makes what makes) HUH !!!
> Love the exception ?

André 3000 bégaye au moment de poser la question cruciale – question rhétorique pourtant : pourquoi l'amour échapperait-il à l'universel passage du temps ? L'amour n'est

2. Extrait d'un album vendu à plus de 5 millions d'exemplaires, ce qui correspond à « album de diamant ». Cet album est le troisième album de rap à atteindre ce seuil de vente. OutKast reçoit encore plusieurs Grammy Awards, et leur singles sont restés longtemps numéro un aux États-Unis et en Europe, en 2003 et 2004.

plus une exception ontologique : rien ne dure, et lui non plus ne durera pas. Il ne reste alors plus qu'à faire chanter alternativement filles et garçons autour de certains clichés érotiques de série B (le voisin qui vient chercher du sucre chez sa voisine). En juger par les ventes de disques, on a célébré, plus ou moins consciemment, la fin de l'exception ontologique constitutive de tout amour, la fin de son éternité, de son idéalité. Et on lui a préféré sa forme sensuelle, toute terrestre et confuse.

Personne n'a pu éviter d'entendre au moins une fois dans sa vie, à la radio ou ailleurs, un sociologue expliquant que l'amour passion n'intéresse plus personne parce qu'on vit dans une société individualiste et égoïste. Je suis peut-être la voix de cette société où la carrière compte plus que les enfants et où près de 45 % des mariages finissent par un divorce (dont la première cause est l'infidélité). Mais ces constats évidents ne décrivent la réalité qu'en négatif, ils ne permettent pas de dire ce que ces changements ont de pertinent. Ces chiffres n'aident pas à déterminer les nouvelles normes de comportements, ils n'aident pas à décider ce qui sera déclaré authentique au milieu de nos désamours érotiques. En un mot, les sociologues n'écrivent pas de chansons d'amour.

LES AMANTS RÉGULIERS

> « Marla, c'est mon plan cul régulier – enfin… quand elle veut. Souvent, elle donne pas de nouvelles pendant trois mois, elle débarque à trois heures du mat', on couche ensemble, et elle repart. Quand elle repart pas, elle dort. Beaucoup. Beaucoup. Vraiment beaucoup. Parfois, on déconne. Parfois, elle est bizarre. Quand elle se réveille, elle est accrochée à moi. Elle répète souvent :
> — J't'aime pas hein.
> — Ouais ouais c'est cool.
> J'crois qu'elle m'aime bien. »
>
> Kyan Khojandi et Bruno Muschio, *Bref, j'ai un plan cul régulier* (2011, S1E10).

Plusieurs réveillons passés à demander aux autres où ils en sont dans leur couple sans qu'on me renvoie la question m'ont convaincu que moi et mes plans cul étions condamnés à n'avoir qu'une existence fantomatique. Ils ne se racontent pas facilement car ils ne s'inscrivent pas dans le grand roman de la famille ou de l'identité. Au mieux, ils sont des histoires courtes qu'on partage entre amis. Comment on arrive à se retrouver paumé au milieu d'un jardin perdu dans la campagne pour simplement baiser une nuit d'été. Comment on baise avec le mec le plus maladroit du monde qui devient un ami parce qu'il préfère analyser des films avec vous plutôt que de baiser une deuxième fois.

L'amour est censé lier deux personnes jusqu'à la mort. En comparaison, un plan cul, dans sa brièveté, apparaît comme une petite plaisanterie. Au moment de l'orgasme, le cerveau reçoit des salves de dopamine, de cortisol, des giclées d'ocytocine et de vasopressine. Puis vient la phase « *post-coïtum animal triste* ». Le jouisseur se retrouve là, en pleine descente d'endorphine, devant un réel froid, avec, comme dit Bergson, « un peu de cette écume légère tout à l'heure entre les mains qui s'est changée maintenant en eau amère et salée[3]... ». Voilà pour la vision pessimiste des choses.

Aussi fugace soit-il cependant, un plan cul implique une intimité. Il est à la fois intime et court. Voilà le paradoxe : à la différence de la vision traditionnelle de l'amour, il y a découplage entre la durée de la relation et son niveau d'intimité. Mais, surtout, c'est la notion d'engagement qui est ébranlée : on ne sait jamais dans quel registre de durabilité un plan cul nous embarque. Rien n'oblige à ce que la relation dure, rien n'oblige non plus à ne pas la poursuivre.

On pourrait classer les différents types de plans cul en combinant deux critères : l'intimité et la valorisation publique de cette intimité (ce que les psys appellent l'*extimité*). Sur une échelle allant du moins durable au plus durable, il y aurait le

3. Henri BERGSON, *Le Rire*, PUF, Paris, 2007, p. 153.

plan d'un soir, le plan cul régulier, le plan cul régulier affectif (PCRA)[4]. Ce dernier cas est amusant, puisqu'il s'agit presque d'un couple, à ceci près que les amis et les proches ne sont pas mis au courant. Cela revient à vivre dans une bulle officieuse, où rien de sérieux, de définitif n'est engagé. On peut décliner ces plans en fonction du niveau de publicité qu'ils reçoivent : cela va de la relation discrète à la plus affichée – ce qui se produit, nous dit-on, quand « on est vraiment là pour la personne et [qu']on est capable d'oublier des gens pour elle[5] ».

La leçon de toutes les ruptures est sans doute que l'intimité n'oblige pas par elle-même à poursuivre une relation. La vie commune a beau être très intime, cela n'a jamais été un argument suffisant pour prolonger coûte que coûte la relation amoureuse – c'est le défaut de la définition narrative de l'amour repéré par Ruwen Ogien[6]. L'amour peut construire une histoire, mais cette histoire n'a pas la puissance d'entraîner automatiquement sa propre continuation.

Le plan cul nous propose la même vérité déchirante que la rupture amoureuse. Il est comme une rupture à répétition, un « stop ou encore » relativement éreintant à mener. Éreintant car son statut d'habitude n'est jamais complètement inscrit, même lorsqu'il est régulier. Ce n'est pas un abonnement avec possibilité de résiliation. Il n'y a aucune garantie.

Le caractère discontinu des relations oblige à accepter une certaine cyclicité du désir. On peut fréquenter des plans cul réguliers pendant dix ans, avant qu'une brouille nous éloigne.

4. Luc-Laurent SALVADOR, « Théorie du PCRA (Plan Cul Régulier Affectif) », *Agoravox*, 28 mai 2011.
5. Florence ORTELLI et Thomas BORNOT (réal.), *Love me Tinder*, 2014.
6. Ruwen OGIEN, *Philosopher ou faire l'amour*, Grasset, Paris, 2014, p. 56-57 : « Cependant cette théorie est loin d'être largement acceptée. L'existence d'un "nous" ayant une vie propre, complètement indépendante des individus concrets qui le composent, est une hypothèse ontologique qui laisse pas mal de philosophes sceptiques. Pratiquement, elle peut servir à légitimer le désir totalitaire de l'amant, celui de contrôler totalement l'aimé, son corps, son âme, ses pensées, ses désirs, ses émotions. »

Avec d'autres, on peut se retrouver une fois par an. Certains restent des amis. On se perd de vue et on se rabiboche. Ce sont des histoires en pointillé. Quand on se revoit, on prend de ses nouvelles, on insiste sur les moments graves vécus depuis, ou bien on parle des activités de la semaine comme si c'était ça qui avait le plus d'importance. Parfois, c'est comme raconter plusieurs saisons de *Game of Thrones* à quelqu'un qui les aurait ratées. Il est impossible de reprendre tout en détail. Nous sommes condamnés à choisir arbitrairement un niveau de généralité grâce auquel on va donner un sens à ce qui arrive. C'est toute la beauté des retrouvailles. On peut se contenter de dire : « Maintenant les dragons ont grandi et ils peuvent brûler des villes entières. »

Faire le point sur le statut que l'on veut donner à cette relation impose de retourner dans le monde des choix et des calculs. Comme le plaisir doit être mutuel pour que l'aventure se poursuive, pointe aussi toujours au moins un peu l'impératif d'être un « bon coup ». On ne peut pas oublier l'égoïsme de l'autre, ni le sien. Un plan cul étant motivé par le plaisir, il peut s'enfermer dans une recherche de performance sexuelle à laquelle échappe la routine du couple installé.

Mais un plan cul régulier peut traverser une période de creux où la relation repose plutôt sur un plaisir mutuel sans risques et sans efforts. Il m'est arrivé de passer des mois de plans couette très mignons, sans culbute sauvage, une sorte de tripotage réglo. La difficulté est de promouvoir une espèce de plan cul de gros flemmard qui préfère se frotter contre un corps chaud pour tromper la solitude plutôt que d'avoir à rejouer le dernier porno qu'on a maté. Ces plans cul délicieusement nuls sont évidemment menacés d'extinction par le fait qu'une meute hurlante d'autres plancuteurs crie sa frustration sur toutes les interfaces, tandis que vos amis ne comprendraient sûrement pas que vous sacrifiiez vos rendez-vous cinéma pour ne regarder que des séries Netflix de seconde zone au fond du lit au nom de l'hospitalité pour votre plan cul préféré.

Ce genre de plans là n'est atteignable que si une certaine conversion morale s'est produite en chemin. Encore une fois, je ne crois pas que le sexe rende inconditionnellement meilleur, mais qu'il nous en donne l'occasion. Tout comme j'ai affirmé qu'on pouvait baiser équitable, je dirais qu'on peut baiser décroissant – à condition de savoir valoriser aussi la relation pour elle-même, d'expliciter son statut de *sex friend*. Lorsqu'un plan cul régulier s'instaure, la disponibilité que l'on a l'un pour l'autre est aussi la preuve, au-delà de l'attrait pour le plaisir, que l'on considère que le strict égoïsme n'est pas suffisant pour mener cette activité. Ce qui est valorisé ultimement, c'est la confiance réciproque. C'est là que l'amitié sexuelle prend tout son sens.

FAIRE DURER LE PLAISIR

> One taught me love
> One taught me patience
> And one taught me pain
> Now, I'm so amazing
> I've loved and I've lost
> But that's not what I see
> So, look what I got
> Look what you taught me
> And for that, I say
> Thank you, next [...]
> I'm so fuckin' grateful for my ex.
>
> Ariana GRANDE, *Thank U, Next* (2018).

Si, historiquement, c'est surtout le désir, ses orientations déviantes ou « contre nature » qui ont été pathologisées, le soupçon se déplace aujourd'hui sur le plaisir sexuel[7]. Nous

7. Contrairement au souhait de Foucault, qui voyait dans le plaisir un terrain vierge, non psychiatrisable : « Alors il me semble qu'en utilisant le mot de "plaisir", qui à la limite ne veut rien dire, qui est encore, me semble-t-il, assez vide de contenu et vierge d'utilisation possible, en ne prenant le plaisir pour rien d'autre que, finalement, un événement, un événement qui se produit hors sujet, ou à la limite du sujet, ou entre deux sujets, dans ce quelque chose qui n'est ni du corps ni de l'âme, est-ce qu'on n'a pas là, en essayant de réfléchir un peu sur la notion de plaisir, un moyen d'éviter toute l'armature psychologique

serions en passe de devenir addicts au sexe. Ceux qui mettent en avant le risque de l'addiction sexuelle expliquent qu'une décharge de plaisir plus fréquente finit, comme pour les drogués, par diminuer notre capacité d'attente, dégradant fatalement notre faculté de jouir. Ce concept a ses partisans qui ouvrent des cliniques et se font connaître en soignant les stars, bien que le terme n'apparaisse même pas dans le DSM-V (le manuel diagnostique et statistique des troubles mentaux). Les films hollywoodiens confèrent une certaine épaisseur à cette récente crainte qui entoure l'addiction sexuelle : *Shame*, *Thanks for Sharing*, *Nymphomaniac*…

Dans cette peur de l'addiction sexuelle se profile une conception fataliste du plaisir : le surplus de plaisir conduirait à une accélération du cycle désir/plaisir, comme si on ne pouvait faire qu'accélérer ou ralentir, mais se stabiliser, jamais. D'emblée, le sexe comporterait un risque, une double pente tendant vers son embrasement ou vers son refroidissement ultime.

Mais il y aurait une autre façon de concevoir les choses. Dans certaines stations de radio, les programmateurs attribuent à chaque chanson diffusée à l'antenne un certain coefficient de *burn* ou d'usure. Il s'agit d'une estimation du nombre d'écoutes qu'un auditeur moyen peut atteindre avant de se lasser du morceau en question. Il y a des chansons dont on se lasse moins que d'autres. Non pas qu'elles soient forcément meilleures, mais elles tolèrent mieux la répétition. En plaçant d'emblée la sexualité dans l'horizon d'un attachement pathologique au plaisir, on manque complètement cette dimension-là. Il y a pourtant une différence évidente entre le fait de ne pas se lasser de quelque chose et y être addict.

Pourquoi ne pas considérer que le sexe pourrait lui aussi recevoir un coefficient de *burn* ? On pourrait envisager les

et médicale que la notion traditionnelle de désir portait en elle. » Michel Foucault, « Le gai savoir », *in* Jean Le Bitoux, *Entretiens sur la question gay*, H&O, Saint-Martin-de-Londres, 2005, p. 51.

rencontres comme une façon de parer au risque de *burn* sexuel. Être célibataire n'est pas un choix de vie meilleur qu'un autre, mais c'est une manière d'affirmer qu'on ne se lasse pas des rencontres sexuelles. D'un autre côté, ceux qui obéissent à la règle du coup d'un soir, voulant que l'on ne recouche jamais avec un plan cul, trahissent sans doute une très faible faculté à faire durer le plaisir. Si nous avions décidé de n'écouter qu'une seule fois les tubes qui ont bercé notre vie, cela aurait été au prix d'une catastrophe esthétique. À l'inverse, préserver son plaisir suppose de ne pas se matraquer trop la tête de la chanson en question. Savourer plutôt que brûler. De ce point de vue, il y a bien un art de ne pas se lasser, un art de faire durer le plaisir – sur lequel je n'ai malheureusement pas beaucoup de conseils à donner, parce que je ne prévois pas de devenir gourou sexuel –, un art qui consiste à continuer à aimer ça, avec les mêmes personnes, ou la même personne.

Penser en termes de *burn* suppose d'adopter un angle tragique sur la vie : tout plaisir tend à s'user. Et il est bon de savoir le prolonger. Le plan cul vous force à regarder en face à quel point vos désirs peuvent être évanescents, mais cette dimension tragique est inhérente à l'existence même. Retarder cette disparition est une grande affaire esthétique.

Dans un ouvrage récent, le philosophe Norbert Campagna propose de refonder l'éthique sexuelle sur une notion de perfection. Il faut entendre par là l'obligation morale de préférer ce qui est le meilleur pour nous, de tenir prioritairement aux biens les plus élevés. Il ne s'agit pas de définir ce qui est parfait dans l'absolu, mais seulement de tendre vers ce qui est meilleur. Son impératif est le suivant : « Dans ta recherche du plaisir sexuel, aie toujours soin d'exploiter au maximum le potentiel inscrit dans cette recherche [8] ! » En bref, vous pouvez baiser comme

8. Norbert CAMPAGNA, *L'Éthique de la sexualité*, La Musardine, Paris, p. 222-223.

des lapins tant que ça reste « potentiellement enrichissant ». Le perfectionnisme ne se mouille pas réellement quant aux biens à préférer, il s'agit seulement d'un principe permettant de condamner la préférence envers des plaisirs vulgaires et la complaisance dans une vie sexuelle médiocre.

Je reprocherai à cette position perfectionniste de faire trop grand cas d'une hiérarchie entre les plaisirs. Connaître la valeur *in abstracto* du théâtre de Molière n'a jamais empêché aucun adolescent de regarder du porno. Manger des pizzas n'a pas moins d'intérêt après avoir goûté tous les fromages à la truffe et au safran du Périgord. L'appel à bannir les plaisirs vulgaires me semble condamné à l'échec. Pas simplement parce que je suis pessimiste sur la capacité des humains à perfectionner leur goût, mais tout simplement parce que je pense que le goût tolère la dissonance, la contradiction. Je n'ai rien contre les plaisirs sexuels vulgaires ou nuls, à vrai dire. Tout comme je n'ai rien contre un film pourri ou une pizza douteuse (et je parle en tant qu'amateur de pizza hawaïenne, la fameuse jambon-ananas). Et, par ailleurs, j'ai beau essayer, je n'arrive pas à savoir ce qui est le plus élevé entre le plaisir d'une lente masturbation fatiguée entre amoureux et le plan cul improvisé dans la chaleur de l'été. Les deux sont bons.

Je soutiendrai au contraire que vouloir estimer la valeur d'un plaisir sexuel nuit à la jouissance. Le prix à payer d'une définition trop limitée du plaisir, c'est qu'alors le réel devient décevant. Le plaisir dépend de notre capacité à faire avec le réel. Comme on dit couramment, « c'est une question de feeling ». Mais ce qu'on appelle « feeling » n'est pas une sensation particulière, plutôt la faculté de s'abandonner dans l'instant à un certain élan pour l'éprouver plus intensément.

Voilà ce que je propose : je n'encourage pas à raffiner ses plaisirs. Je n'encourage pas à se dépasser et faire du sexe une performance artistique ou à y chercher la vérité du cosmos. Ni perfectionnisme ni empirisme. J'encourage un pragmatisme sexuel motivé par le « désir d'une entente intersubjective aussi étendue que possible, du désir d'étendre la référence du "nous" aussi loin que nous pouvons [9] ».

Au fond, *ce qui compte est de maintenir la coexistence la plus large possible des amants dans l'écosystème sexuel*, et par là, je ne veux pas dire multiplier les plans cul avec le plus grand nombre de personnes possible. Ce serait le meilleur moyen d'accroître les risques de pollution de l'écosystème sexuel ou de finir par ne plus entretenir qu'un rapport de consommation aux autres, sans valoriser la disponibilité ou la confiance réciproque. Ceci dit, si certains parviennent à garder le sourire en passant de lit en lit, à maintenir un contact honnête, sain et chaleureux avec une myriade d'amants sans jamais finir en grand impacteur involontaire, qu'ils soient félicités pour leur réussite.

CONTRE LA MÉTAPHYSIQUE DE L'AMOUR

> Entre *sex friends*, il faut respecter quelques règles de base :
> Ne jamais s'offrir de cadeaux.
> Ne pas dîner en tête à tête.
> Accepter la concurrence.
> Oublier le mot « chéri(e) ».
> Toujours partir avant le petit déjeuner.
> Et surtout, ne jamais tomber amoureux !
>
> Ivan REITMAN, *Sex Friends* (2011).

La liberté sexuelle suppose une certaine a-sentimentalité du plaisir. Mais les psychologues de comptoir vous diront que cette dissociation n'est pas tenable et que, si un plan cul devient régulier, l'un des deux finit toujours par tomber réellement amoureux et se briser le cœur. Selon eux, donc, le sexe tend nécessairement vers l'amour et, en l'occurrence, vers un amour déçu.

Ces critiques du plan cul présupposent que le plaisir sexuel vous lie fatalement à l'autre. Cette idée est révélatrice d'un

9. Richard RORTY, *Solidarité et objectivité*, PUF, Paris, 1994, p. 38.

préjugé moral concernant la sexualité : baiser avec quelqu'un reviendrait à être possédé par lui. C'est ce que l'on pourrait appeler la conception de l'amour-pizza : vous avez donné votre corps en pâture à l'appétit de l'autre, vous vous êtes fait manger, vous avez été assimilé par le métabolisme de l'autre, nul moyen d'en sortir.

En version optimiste, c'est ce même présupposé qui anime le scénario typique de toutes les comédies romantiques américaines sur le *casual sex* ou les *one night stands* – de *Sex Friends* (titre français du film *No Strings Attached*) à *Sleeping With Other People* en passant par *Friends With Benefits* : les personnages commencent par se jurer qu'ils ne tomberont jamais amoureux pour finir par s'avouer qu'ils s'aiment. Leur délicieuse incohérence ne me dissuade pas de les regarder, bien au contraire (à vrai dire, j'y vois moins un message sur le triomphe de l'amour que sur la permanente incompréhension entre amoureux).

Aujourd'hui, par licence poétique, on peut tranquillement chanter qu'on n'est pas amoureux pour dire qu'on est amoureux. Ou que c'était « juste une phase débile » comme le tube *Not In Love* du groupe britannique 10CC. Ce morceau est une longue définition négative de l'amour, plein de chœurs masculins qui vous font des bisous perdus au milieu de leurs nuages de synthé. Chanter qu'on n'est pas amoureux finit par signifier qu'on est amoureux. Niez-le, vous l'affirmerez, mais affirmez-le, et vous le nierez. Peu importe l'irrationalité. Tant que l'amour semble se démarquer du reste des sentiments ou expériences habituels, vous tenez quelque chose. Cette zone de turbulences, irrationnelle et imprévisible, est depuis longtemps le moteur presque unique de tous les grands récits ou blockbusters – ce petit grain de sable qui grippe la machine… parce que, en faisant l'amour sur la plage, le sable finit toujours par rentrer dans le maillot.

Voici donc l'ultime défense de l'amour des métaphysiciens de librairie. Même s'il n'existait pas, l'amour resterait comme un idéal moral, un « idéal régulateur » au sens kantien[10]. Peu importe de savoir si ça existe en soi, puisqu'on peut s'y référer, le postuler, et que cela a des effets sur nous. « Il s'agit de faire *comme si*, en sachant bien que ce n'est presque jamais *comme ça* ! » Cette réponse ressemble assez à une pétition de principe. Si l'expérience est organisée *a priori* en fonction de l'idéal amoureux, alors, quelle que soit par ailleurs cette expérience, elle donnera *a posteriori* une existence à l'amour, puisque toute notre expérience sera relue à travers le prisme de l'idéal amoureux.

Pour caractériser cette position, je propose de parler de « maximalisme sexuel[11] ». Les maximalistes sexuels sont ceux qui exigent que toute expérience sexuelle soit vécue dans l'horizon d'un amour potentiel. Pour eux, tout est tendu vers l'amour, vers la relation longue. La blogueuse polyamoureuse Amy Gahran parle à ce propos d'« escalator sentimental » (*relationship escalator*)[12]. Il y aurait plusieurs étapes dans les relations amoureuses (sept en tout, que je précise pour les curieux : rencontre, séduction, définition de la relation, vie commune, engagement dans un projet commun, conclusion/mariage, héritage). Comme sur un escalier mécanique lancé à pleine vitesse, on ne pourrait pas s'arrêter à l'une d'elles, voire

10. André Comte-Sponville, *Ni le sexe ni la mort. Trois essais sur l'amour et la sexualité*, Albin Michel, Paris, 2012, p. 29.

11. Je fais ici un clin d'œil à la catégorie des « maximalistes moraux », définie par Ruwen Ogien : ces moralistes vous prescrivent un certain type de vie, pour être heureux et être bon. Ils vous prescrivent des devoirs envers vous-même. Ils vous disent qu'on « pourrait vous juger immoral non seulement pour vos actions, mais aussi pour vos pensées, vos désirs, vos fantasmes ou vos traits de "caractère". Non seulement pour ce que vous faites aux autres, mais aussi pour ce que vous vous faites à vous-même ». Au contraire, les éthiques minimales s'arrêtent au seul impératif de ne pas faire souffrir autrui. « D'après elles, le but de la morale n'est pas de régenter absolument tous les aspects de notre existence, mais d'affirmer les principes élémentaires de coexistence des libertés individuelles et de coopération sociale équitables », Ruwen Ogien, *L'Éthique aujourd'hui. Maximalistes et minimalistes*, Gallimard, Paris, 2007, p. 11 et 20.

12. Aggiesez, « Riding the relationship escalator (or not) », solopoly. net, 29 novembre 2012.

reculer ou bifurquer sans risquer d'y laisser un peu de son intégrité. Comme toute bonne auteur-entrepreneur américaine qui se respecte, Amy Gahran donne des conseils, des petits trucs pour aller mieux dans sa vie, et vous propose d'explorer d'autres voies pour échapper au rouleau compresseur (par exemple, essayer les relations BDSM ou se focaliser davantage sur sa carrière). Elle-même se définit comme solo-poly : elle vit seule et entretient plusieurs relations.

La position maximaliste préconise d'adopter une sorte d'*a priori* romantique, comme si toute personne allait de toute façon se faire aspirer dans la spirale infernale de l'amour (ou plutôt, de la possession sexuelle par le plaisir). Cette position est à la fois irréaliste et inutilement puritaine.

Mon manifeste antiamoureux sera très court. D'abord, tout ce que nous promet l'amour, on peut le trouver ailleurs. On peut aujourd'hui mieux qu'hier comprendre ce que sont la passion, l'amitié ou le sexe sans recourir à cette idée. Chaque expérience qu'était supposée apporter l'amour peut être connue indépendamment de lui. Notre désalignement moderne a su éclairer ce qui restait imperceptible du fait de sa comparaison obligée avec l'intensité de l'expérience amoureuse. Nous pouvons nous abîmer dans notre carrière avec la même passion que d'autres se sont sacrifiés à aimer. Nous pouvons diluer l'amitié pour alimenter de multiples plateformes de réseaux sociaux, la diffracter en d'interminables minidrames et en nourrir sans fin notre nostalgie. Quant au sexe, on y regagne largement en technicité ce qu'on y perd en métaphysique amoureuse.

L'autre raison, plus définitive celle-là, est que l'amour tout court ne s'inquiète pas d'une quelconque réciprocité – en tout cas, tant qu'il ne prend pas la forme de l'amitié sexuelle. La forme non amicale de l'amour (la plus répandue) est hautement non éthique. Vous pouvez effectivement vous sacrifier, prendre soin de quelqu'un sans rien recevoir en retour. Aimer peut être une expérience parfaitement unilatérale. Rien ne me semble plus définitif que la remarque narquoise de Schopenhauer à ce sujet : l'incertitude d'être aimé en retour n'a jamais empêché personne d'aimer.

On me répondra que l'amour appelle ou recherche une réciprocité, mais le problème est bien que l'incomplétude n'éteint jamais complètement les espoirs de l'amoureux. Pensez à la leçon de *Ma nuit chez Maud* de Rohmer, lorsque Vidal explique le calcul de l'espérance mathématique du pari de Pascal. Appliqué à l'amour, le raisonnement serait celui-ci : comme l'amour réalisé serait la chose la plus merveilleuse, je devrais sacrifier ma vie pour l'obtenir au lieu de suivre la voie d'un bonheur tranquille et bourgeois, car l'hypothèse, même peu probable, qu'un tel amour se réalise est la « seule hypothèse qui justifie ma vie et mon action ». On cache souvent ce qu'un tel raisonnement a de morbide, puisque alors se lancer à l'aventure (amoureuse ou autre) n'est justifié que par la dévalorisation du reste de son existence.

Quant à ceux qui se vanteraient d'avoir connu un grand amour réciproque privé de toute dimension physique de possession (un amour platonique réciproque), Schopenhauer les imagine à deux doigts de presser la détente et se « brûler la cervelle ». L'amour trahit donc sa vraie nature dans le fait qu'il n'exige pas nécessairement la réciprocité, il est « possession [13] ». Rien n'arrête l'amoureux. Être haï peut même rendre fou d'amour comme un Roméo face à l'indifférence d'une Rosaline. Au fond, il suffirait que vous vous masturbiez devant

13. Arthur SCHOPENHAUER, *Métaphysique de l'amour sexuel*, in *Le Monde comme volonté et représentation* (traduction C. Sommer), Gallimard, Paris, 2009 : « Si objective et si bien revêtue de sublimes couleurs que cette admiration puisse nous paraître, cependant cette passion amoureuse n'a en vue que la procréation d'un individu de nature déterminée ; et ce qui le prouve avant tout, c'est que l'essentiel n'est pas la réciprocité de l'amour, mais bien la possession, c'est-à-dire la jouissance physique. La certitude d'être payé de retour ne peut nullement consoler de la privation de cette jouissance : bien des hommes, en pareille circonstance, se sont brûlé la cervelle. »

un poster de Charlotte Gainsbourg comme Jacky au début de *Jacky au royaume des filles*, que vous criiez un petit « je t'aime » avant de tomber dans les pommes, et le tour est joué, aux yeux de la plupart des philosophes de renom, vous voilà amoureux. L'amour se sécrète précocement dans la moiteur solitaire des chambres d'adolescents.

Se retrouver dans le camp de Schopenhauer est certes embarrassant : cela revient à voyager en compagnie d'un misogyne réac' qui dénigre les autres au rythme d'un homme politique découvrant Twitter. On a le droit d'hésiter. Mais on a aussi le droit d'être stupéfait par la contre-proposition des philosophes français contemporains. Ces derniers déploient toutes les dimensions de la fidélité à la promesse amoureuse (Badiou), de la phénoménologie de l'érotisme (Marion) ou de l'expérience de la caresse (Levinas) pour défendre coûte que coûte les deux mêmes propositions fondamentales : *le sexe sans amour est incomplet* et *l'amour est une aventure virile qui doit triompher de tous les obstacles.*

Lisez en creux : le sexe seul est l'activité des plus faibles, des plus craintifs, des plus fragiles, des plus vicieux, autrement dit de tous ces inconscients qui vivent sans transcendance. Et l'amour vise toujours au-delà de l'amour (respectivement, du côté de la vérité, de la charité ou de l'éthique, dans l'ordre des philosophes susnommés).

Ce qui me frappe dans les livres d'Alain Badiou sur l'amour est le brutal angélisme dont ils font preuve (il prévient dès le départ qu'il déteste les sceptiques schopenhaueriens, qui, de mon point de vue, planent juste un peu moins que les autres). Le sexe doit toujours être sauvé par un appel à la transcendance, un « ange gardien des corps [14] ». Celui qui en revanche décide de ne pas prendre l'escalator de l'anagogie amoureuse est prié

14. Alain Badiou avec Nicolas Truong, *Éloge de l'amour*, Flammarion, Paris, 2009, p. 38.

de sauter en marche et finir sa vie dans les enfers d'une partouze au Cap d'Agde. Par ailleurs, le philosophe-dramaturge aime ironiser sur les promesses des sites de rencontres [15]. Lui-même vante si directement ses talents d'amoureux fidèle qu'il semble à deux doigts de proposer du coaching pour les couples qui cherchent les secrets de la stabilité. Dans son *Éloge de l'amour*, il décrit ces sites comme des instruments garantissant des rencontres à tous les coups, c'est l'« amour "zéro risque" » ou l'« amour assurance tous risques », un amour qu'il méprise et qu'il aligne avec les théories contractuelles et économiques. Un amour qu'il compare au bombardement de l'Afghanistan par des Américains indifférents aux effets réels de leurs frappes qu'ils croient chirurgicales. Et tant pis si la moindre enquête sur l'utilisation de ces sites révèle au contraire les hésitations, l'échec ou le délice dionysiaque de se plonger dans des relations chaotiques d'où l'on ressort plus vivant si l'on évite les condylomes et la chlamydia. Tout sauf l'amour sécuritaire de Badiou.

Permettez-moi de passer sur Levinas qui parle de caresser l'autre dans sa phénoménologie de l'amour sans jamais se pencher sur le problème de savoir comment on est parvenu à rencontrer cet autre qu'on se met à caresser. Je ne comprends pas non plus pourquoi tout ce qu'on caresse deviendrait féminin. Que fait-il d'un chat qu'il caresse ? Je préfère ne pas y penser.

Jean-Luc Marion est plus intéressant. En choisissant de parler d'*eros*, il cale immédiatement l'amour à l'intersection du sexe et des sentiments. Il ne sera jamais question de sexe seul, mais seulement d'érotisme qui tend à l'amour. Mais la surprise (toute relative parce qu'on le voyait venir), c'est que l'amour lui-même doit tendre à la charité. On coche encore la case de l'incomplétude du sexe. Jean-Luc Marion admet la nécessité d'un désir réciproque – un désir qui n'est jamais assuré de durer et qui risque toujours de basculer. Il parle en ce sens du

15. *Ibid.*, p. 13-17.

« croisement » de désirs qui ne se rencontrent que dans une asymétrie : l'un ne veut que parce que l'autre cède. Même s'il est question de réciprocité, le phénoménologue français pose deux consciences, deux « chairs », prêtes à se lancer à l'assaut l'une de l'autre comme une bonne vieille « lutte à mort des consciences » hégélienne. Mais, là encore, pourquoi en sont-elles arrivées là, ces chairs ? Le modèle de la drague selon la phénoménologie, c'est don Juan, dont Jean-Luc Marion félicite la prise de risque. Don Juan se lance sur l'autre en risquant un « je t'aime » incertain, comme si l'amour devait rester une aventure. Évidemment, dans le même temps, il condamne ce qu'il appelle l'« érotisation libre », c'est-à-dire la décision de baiser, c'est-à-dire le sexe non asymétrique, consenti de part et d'autre. Cette érotisation n'est à ses yeux qu'un « contact », et non un « croisement ».

Je trouve ces jeux de philosophes assez hypocrites. Dans le Badiouvers (univers d'Alain Badiou), je tiens la position de l'antiamoureux sceptique (je préviens au passage tous ceux que j'aime que je ne pense pas pour autant être incapable de ressentir des émotions, d'être attaché à mes amis, à ma famille, et même de préférer la compagnie d'une ou plusieurs personnes à la multiplication des plans sans lendemain…). Il est coutumier de réfuter un sceptique en mettant sa description du monde à l'épreuve des actes : « Si vous ne pensez pas que le monde existe, sautez donc par la fenêtre, pour voir. » J'aimerais soumettre à mon tour ces philosophes à ce même genre d'épreuve, parce qu'il me semble que ce sont eux les sceptiques : pourraient-ils, sans avoir reçu le moindre indice de disponibilité, sans qu'aucun signe ait été échangé, aller aborder de but en blanc quelqu'un à l'autre bout de la rue pour lui déclarer leur flamme ? Ils fonceraient peut-être droit sur une jeune fille et bafouilleraient qu'ils sont des écrivains de renom (énorme angoisse du mensonge chez Jean-Luc Marion) ou quelques banalités de *pick-up artists* (« Tu fumes ? Moi je ne fume pas, je ne bois pas, ma seule drogue c'est toi »). Nos philosophes sont-ils jamais allés en boîte ? On ne fonce pas tête baissée sur les gens en lançant un « je t'aime » incertain. Même Don Juan n'aurait jamais dragué comme ça. S'il y a une fonction salutaire dans les sites de rencontres, c'est précisément de replacer cette drague sauvage dans des espaces de réciprocité choisie. Une rencontre ne se produit pas indépendamment d'un contexte qui permet d'initier un échange de signes, une progression graduée de messages, une éventuelle clarification des ambiguïtés, avant de parvenir si on le souhaite à se toucher les uns les autres. Je ne recommanderai pas la pratique de la caresse aventureuse à laquelle semble si attachée la phénoménologie française.

LE SEXE PUR N'EXISTE PAS

> I hope that you're the one.
> If not, you are the prototype.
>
> OUTKAST, *Prototype* (2003).

Ceux qui pensent que l'amour est la forme universelle de toute expérience sentimentale devraient être prévenus par cette anecdote. Un anthropologue anglais dans les années 1930 tente d'expliquer ce qu'est l'amour à une tribu rhodésienne. Il raconte l'histoire d'un chevalier qui doit affronter plusieurs épreuves pour conquérir sa bien-aimée. Il pensait que la tribu comprendrait ce que signifierait l'amour grâce à cette histoire – l'homme n'est-il pas « un animal conteur d'histoires[16] » ? Après avoir entendu ce petit récit, les membres de la tribu se réunissent à part et s'interrogent. Puis le chef revient vers l'anthropologue et lui demande : « Mais pourquoi a-t-il fait cela ? Il ne pouvait pas prendre une autre fille à la place[17] ? »

16. Alasdair MACINTYRE, *Après la vertu. Étude de théorie morale*, PUF, Paris, 1997, p. 210.
17. Ruwen OGIEN, *Philosopher ou faire l'amour*, *op. cit.*, p. 25.

J'ai conscience de tirer sur l'ambulance. L'Amour a certes ses fanatiques pour qui chaque embrassade est conçue comme le préliminaire d'une demande en mariage. Mais il n'est pas sûr que ces partisans de l'amour survivent à leur propre autoréfutation tant leur réinterprétation du monde est absurde. À l'instar de Merlin Mann (blogueur, podcasteur, chanteur, hipster, mais avant tout *businessman*), ils affirment que chaque rendez-vous galant n'est finalement qu'une relation à long terme avortée. Selon ce principe, une poignée de main serait-elle une relation amicale avortée ? Dans la chanson *Prototype* d'OutKast, le chanteur-dragueur trouve la parfaite excuse pour chercher l'amour en couchant avec toutes les jolies femmes qu'il rencontre. Car, au cas où elles ne seraient pas la bonne, elles en resteraient toujours le prototype. L'amour reste son meilleur argument pour coucher avec tout le monde.

En amour, aujourd'hui on a le droit d'être athée. C'est acquis. On a le droit de ne pas y croire, de dire avec Schopenhauer que « tout état amoureux, si éthéré qu'il puisse paraître, s'enracine dans la seule pulsion sexuelle [18] ». On peut aussi toussoter de rire à table en rappelant que, dans le *Tiers Livre* de Rabelais, lorsque Panurge se demande à quoi bon se marier, la meilleure raison qu'il trouve est que le mariage permet de ne pas attraper trop de maladies (seulement celles qu'avait l'être aimé avant de vous connaître).

Moins souvent, en revanche, on entame une critique radicale du sexe, une critique athée. Par là, je ne veux pas dire que le sexe, au sens de Foucault, est un « élément imaginaire [19] », c'est-à-dire le produit discursif d'une hypostase pseudo-scientifique nous enjoignant à dire la vérité de notre sexualité, pour mieux nous piéger dans un « dispositif de sexualité » nous disciplinant et nous normalisant (j'ai fait du mieux que

18. Arthur SCHOPENHAUER, *Métaphysique de l'amour sexuel*, *op. cit.*, p. 1982.
19. Michel FOUCAULT, *Histoire de la sexualité I. La volonté de savoir* (1976), Gallimard, Paris, 1994, p. 207.

je pouvais pour résumer sa thèse en une phrase – foucaldiens, pardonnez-moi). Je ne veux pas non plus discuter du sens exact de cette phrase de Lacan : « Il n'y a pas de rapport sexuel chez l'être parlant. » Il faudrait souscrire à trop de théories pour finalement parler encore et encore du phallus, de qui en a et qui n'en a pas. Et il y a beaucoup d'autres choses sympas à faire que de parler de notre manque de phallus.

Ma critique consiste à mettre plus directement en doute l'idée selon laquelle il existerait du sexe pur et dur, des relations Kleenex, du sexe bestial, ou toute autre représentation de ce genre.

En postant un jour une vidéo de disco un peu sexy sur Facebook, j'ai ajouté niaisement que baiser pouvait rapprocher les gens et stopper la guerre dans le monde. J'ai toujours avoué à mes amis que j'aimais les chœurs dans les chansons des Beatles et les cordes dans les tubes disco. J'ai un cœur gros comme ça. À l'époque, un ami m'avait sèchement répondu que baiser n'a jamais réellement créé d'obligation morale entre des individus, et qu'un plan cul n'était rien d'autre que ça justement : du cul (le partitif annulant par avance toute relation affective entre deux individus singuliers, adultes et consentants). Le sexe n'étant donc rien d'autre que *du sexe*, ce serait une sphère séparée du reste de la vie sociale, il ne créerait aucun lien, rien d'autre que du pur plaisir sexuel, sans lien et sans incidence.

Pour ceux qui veulent soutenir qu'il n'y a aucun progrès moral à attendre de nos coïts, la notion du « sexe pour le sexe » est essentielle. Elle sert à décorréler le sexe de tout le reste de la vie non sexuelle. Le sexe serait une activité pratiquée pour elle-même, quasi absurde. Baiser ne sera jamais un problème moral, parce que baiser ne produit rien d'autre que baiser.

Ce qui devrait pourtant nous mettre la puce à l'oreille, c'est de remarquer qui fait le plus volontiers usage de ce genre de thèse. L'argument du sexe pour le sexe sert notamment aux plus cyniques et hypocrites des plancuteurs pour justifier leur répudiation des interactions affectives. Ra7or, un blogueur cité par Jean-Claude Kaufmann, explique ainsi sa préférence pour « l'option nuit chez la fille. Tu peux te barrer quand tu as fini, tu as autre chose à faire, et si ça la rend triste, au moins c'est son Nutella qu'elle va engloutir à la cuillère et non le tien. Gagnant-gagnant qu'on dit dans le *business* ». Il (se) fait croire que le sexe pour le sexe existe (c'est ce qui justifie son détachement affectif) afin de mieux pouvoir réduire tout le reste à une économie comptable des avantages de la non-relation, évaluée en temps non perdu ou en Nutella non partagé avec l'autre – autant de critères pertinents sur l'échelle de valeurs dudit *business*.

J'admets que le sexe n'a rien d'intrinsèquement bon. Mais je soutiens que le sexe n'est jamais seulement du sexe. Cette conception partitive me semble trop abstraite. Le sexe est toujours plus que du sexe (parfois, c'est de l'amour, mais ce peut aussi être autre chose, pour le meilleur ou pour le pire). Bref, le sexe n'est jamais pur.

Si, par sexe pur, vous entendez les images pornographiques, vous oubliez toutes les coulisses qui les rendent possibles. C'est le propre de l'illusion cinématographique. Le porno existe parce qu'on masque tout ce qu'il a fallu faire pour parvenir à capter ces images : organiser un casting, dépister et payer les acteurs, trouver un décor, préparer un mélange de salive et de lait en poudre pour faire du faux sperme, etc.

Si, par sexe pur, vous pensez à la prostitution, vous oubliez là aussi le système prostitutionnel qui la conditionne, avec ses ramifications et ses variantes (je ne développe pas).

Si, par sexe pur, vous pensez au sexe anonyme des clubs libertins, des backrooms ou des plages nudistes gays, vous oubliez qu'il s'agit d'endroits qui ont été progressivement habités, transmis, entretenus, traversés par une culture commune du plaisir. « Je crée des chemins », raconte l'un de ces promeneurs-baiseurs. Dans un très beau livre, certains se confient : « Ce sont les homos qui ont fait ça, c'est nous qui avons fait le chemin. On passe avec notre sécateur et on coupe. Ce labyrinthe, par exemple, ça n'est pas moi. Mais j'en ai taillé d'autres, ailleurs [20]. »

Pour finir, si vous pensez que le viol est du sexe à l'état brut, vous oubliez qu'un viol s'appuie sur un contexte social, une culture du viol, un *modus operandi*. Dans le moment post-#MeToo qui est le nôtre, il suffira de rappeler les stratagèmes mis en place par Harvey Weinstein pour violer des femmes puis décourager ses victimes de porter plainte, recourant même aux services d'une société de renseignement pour les discréditer et les intimider. Le viol n'est pas la manifestation d'une « pure pulsion », c'est un problème social, indissociable d'une domination de genre, d'une société qui en organise la possibilité.

Tout rapport sexuel quel qu'il soit engage donc *a minima* autre chose que « du sexe », à commencer par le cadre qui le rend possible. Le sexe n'est pas hors de la société, pas hors de la morale. Il est au contraire toujours étroitement entremêlé à des rapports sociaux et à des choix moraux.

Les philosophes ont la fâcheuse tendance de sauter par-dessus toutes ces conditions pour faire du sexe un absolu insaisissable, un soleil que l'on voudrait regarder directement mais qui nous rendrait aveugle si on essayait de le faire (métaphore de Comte-Sponville). Il se peut que la question du « sexe en soi » soit bien plutôt un trou noir qui attire à lui toute la lumière sans jamais apporter aucune réponse (ma métaphore).

Les sociologues ne partagent généralement pas cet aveuglement métaphysique. Préférant traquer les changements qui affectent les anciens modèles, certains diagnostiquent aujourd'hui une banalisation du sexe. Encore faut-il se demander ce que cette supposée banalisation produit. Je dirais : pas seulement,

20. Amélie LANDRY, *Les Chemins égarés. Géographie sociale des lieux de sexualité entre hommes*, Le Bec en l'air, Marseille, p. 51.

pas principalement une sorte d'irréversible refroidissement ou affadissement de la pulsion sexuelle. Plutôt de nouvelles formes de relations, auxquelles il nous faut apprendre à être attentifs.

Associer sexe et amitié, ce paradoxe a suffi à faire grésiller pendant des millénaires les synapses des philosophes, qui ont préféré déclarer les deux comme étant irréconciliables. Et pourtant, c'est exactement ce que l'on peut désormais décider de faire.

> You're all I've ever wanted
> But I'm terrified of you.
> See, my castle may be haunted
> But I'm terrified of you.
> I've cast my spell on millions
> But I'm terrified of you.
> Baby, I do this from the ceiling
> But I'm terrified of you.
>
> OutKast, *Dracula's Wedding* (2003).

Comme le Dracula de la chanson d'OutKast, on a raison d'être terrifié face à un plan cul. On ne sait pas si on va plaire, on ne sait jamais ce qu'on va y trouver. Je ne conçois pas de plan cul sans frissons ni soulagement d'avoir survécu à ma propre témérité. Le fantasme a cédé devant quelque chose d'inattendu.

Nos conversations ont lieu en pointillé. Elles se tissent ou se défont suivant nos intérêts du moment. On parvient parfois à produire un intérêt stable ou bien on assiste une miraculeuse concomitance des désirs. Après une nuit à discuter, mon danseur d'Oberkampf avait été assez direct, il était du matin. On s'était vite mis d'accord, et le plan était plutôt tranquille. Il fallait marcher un peu à travers Paris qui se réveillait. La discussion postcoïtale s'est prolongée en digressions sur le métier d'artiste, la vie de troupe…

Cette drague postcoïtale m'a toujours paru la meilleure. Vous avez perdu l'intérêt de séduire pour coucher à tout prix. Vous vous retrouvez tous les deux dans votre plus simple appareil d'égoïsme assouvi. Et il ne reste que l'essentiel. Savoir parler, se lier. C'est le contraire d'avoir honte, d'éviter tout contact et de se diriger le plus vite possible vers la porte en n'oubliant ni son portable ni l'une de ses fringues.

Il y aurait beaucoup à dire sur ce que signifie entretenir un lien affectif, aussi bien en amitié qu'en amour. Mais il faut partir de là : si arpenter ce monde est fascinant, c'est parce qu'on est condamné à cheminer sur des lignes de crête. À situation extraordinaire, conseils ordinaires. Je ne propose pas une morale héroïque ou aristocratique. D'une certaine manière, tout commence par une mauvaise nouvelle : la liberté sexuelle n'est pas un principe suffisant.

Une éthique environnementale, comme celle qu'a proposée Aldo Leopold, s'appuie sur la conscience que l'on ne pourra jamais cerner absolument tous les liens qui unissent les membres de la communauté biotique. Dès qu'une conscience environnementale apparaît, se manifeste avec elle la nécessité de préserver cet écosystème, et par conséquent de limiter une part de sa liberté pour préserver les conditions mêmes qui permettent la jouissance. La règle pourrait donc *a minima* être celle de la préservation de la diversité de la communauté sexuelle. Sauf qu'il est aussi tragiquement vrai que cette même diversité nous fragilise et que, malgré nos efforts, nous échouons face au problème de la maladie.

La plupart des maladies sexuellement transmissibles sont asymptomatiques – mot qui est source de longues triturations mentales sur les bancs de la salle d'attente de n'importe quel centre de dépistage. En clair : vous avez une petite bombe bactériologique entre les jambes et vous ne le savez pas. C'est là la limite très réelle de nos communautés virtuelles. Les communautés en ligne n'obligent pas à penser une santé sexuelle commune au moment où refleurissent pourtant les maladies et les épidémies. Pour parvenir à envisager ensemble la maladie, nous avons besoin de nous parler et de réapprendre à nous faire confiance.

Ça n'a l'air de rien, mais je ne prétends pas au *big bang* théorique. Mon éthique sexuelle est assez simple, j'en conviens volontiers. Tout ce qui compte est qu'elle soit à peu près bien taillée à nos besoins.

Elle conseille d'abord d'apprendre à maintenir un écosystème sexuel le plus divers possible sans le polluer. Elle part du principe qu'on est pris dans un univers sexuel persistant (le labyrinthe) dont l'amour ne peut pas nous arracher définitivement. Cette prise de conscience est accélérée par l'utilisation des interfaces, ce qui suppose d'insister sur la réciprocité des échanges plutôt que sur le seul calcul économique, qui par une sorte de prophétie auto-réalisatrice justifierait de traiter l'autre comme un produit qu'on aurait trouvé sur l'étal de ce prétendu marché sexuel.

Une fois acquise cette conscience écologique, vous apprenez que vous êtes inscrit dans un espace et dans un paysage de fantasmes. Vous acceptez d'être un désir parmi les autres, doué de mouvement, avec une capacité limitée à rencontrer les autres, un temps de vie éphémère.

Sur son propre profil Happn, l'entrepreneur Didier Rappaport cite Nietzsche : « L'homme labyrinthique ne cherche jamais la vérité, il cherche son Ariane. » Sauf que si Thésée peut chercher la sortie du labyrinthe, c'est parce qu'il a déjà rencontré Ariane. S'il avait dû rencontrer son Ariane avec Happn, perdue au milieu de plusieurs milliers d'autres, il n'en serait jamais sorti. Perdus, je crois que nous le sommes tous un peu, pour peu que nous ayons l'honnêteté de le reconnaître. Explorer ce labyrinthe nous donne cependant l'occasion de découvrir un certain nombre de vérités :

— le sexe pur n'existe pas ;

— la drague ne fonctionne pas comme un marché ;

— et il existe des écosystèmes sexuels qui exigent de construire une confiance réciproque pour les explorer.

Cela nous conduit à une idée fondamentale : la pratique du plan cul nous donne l'occasion de nous améliorer. Par là, je ne veux pas dire devenir un meilleur coup, mais devenir une meilleure personne. Je veux parler d'un perfectionnement moral. Les tentatives, les échecs, les efforts recommencés peuvent conduire à une réflexion sur soi, sur son corps et ses désirs, mais aussi sur les liens et les valeurs que l'on façonne dans ses interactions avec les autres.

Pour naviguer dans ce monde, on peut se munir d'un certain nombre de principes, dont beaucoup ont été posés par les « salopes éthiques » auxquelles j'ai déjà rendu hommage. Voici en vrac quelques maximes de cette morale provisoire : partager avec l'autre le souci biologique de l'échange de vos fluides ; être transparent concernant vos contacts sexuels récents ; respecter la non-disponibilité de l'autre ; être solidaire quant aux suites possibles de vos rapports (ce qui suppose *a minima* de pouvoir se contacter après coup) ; admettre qu'il y a un avant et un après, c'est-à-dire que l'autre n'a pas à être fixé dans l'identité du corps jouissant qu'il vous a présenté.

Vous seriez en revanche le pire plan cul de la planète si vous hésitiez à parler de votre vie sexuelle avec ceux qui la partagent, si vous exigiez que l'autre se rende immédiatement disponible pour vous, qu'il se plie au lit à vos desiderata, qu'il n'existe que comme la marionnette de votre fantasme, qu'aucun lien ne soit conservé et qu'il paie seul le prix d'une éventuelle prise de risques.

Comment, donc, bien rater sa vie amoureuse ? En soignant sa vie sexuelle, ce qui implique de commencer par reconnaître à la fois que toute sexualité n'implique pas l'amour et que toute amitié n'exclut pas le sexe. L'éthique des *sex friends* est minimale en son principe, mais riche en ses prolongements. Elle invite à cultiver les liens qui permettent de développer des relations durables, polyvalentes et productrices de plaisir : une amitié. C'est ce qu'il y a de plus prudent (on chope moins de maladies), de plus efficace (on baise mieux) et de plus éthique (on ne traite pas les autres comme des produits). Et si vraiment, comme le chante Jok'air, « dehors c'est la guerre », alors vivre de sexe et de discussions postcoïtales est de toute façon la plus réaliste des choses à faire en vue d'une paix future.

TABLE

Sex friends

Composition Facompo, Lisieux.
Achevé d'imprimer
par CPI Firmin-Didot
à Mesnil-sur-l'Estrée en avril 2019.
Dépôt légal : mai 2019
Numéro d'imprimeur : 152973

Imprimé en France